RENAÎTRE

(PRAYER IS THE ANSWER)

XIIIe édition

JOSEPH MURPHY

D.D.-Ph. D.-L.L.D.

RENAÎTRE

Le sens métaphysique et psychologique des sacrements

**Traduit de l'anglais par
Dr Mary STERLING**

65e mille

Éditions Dangles

18, rue Lavoisier
45800 St-JEAN-DE-BRAYE

La traductrice de cet ouvrage, Dr Mary Sterling, docteur en Ontologie et Psychologie, est la Fondatrice-Leader du Centre UNITÉ UNIVERSELLE, 22, rue de Douai, 75009 Paris. Tél. : (1) 48-74-70-89.

UNITÉ UNIVERSELLE publie chaque mois une revue.

Le Dr Sterling reçoit sur rendez-vous (se renseigner au Centre).

Vous serez les bienvenus à la Salle de Lecture du Centre, du lundi au samedi inclus, de 14 h 30 à 17 h 30.

ISSN : 0247-882X
ISBN : 2-7033-0043-3

« *J'ai écrit ce livre en pensant à vous et aux Français que vous chérissez tant.* »

Joseph Murphy

à

Mary Sterling

PRÉFACE A L'ÉDITION FRANÇAISE

Un livre comme celui-ci ne se parcourt pas, pas plus qu'on n'en peut tirer profit en ne le lisant qu'une fois. Sous son aspect de simplicité se trouvent les plus hautes, les plus sublimes vérités, et chaque lecture attentive et chaque méditation, laisseront le lecteur sur un plan de conscience de plus en plus élevé.

Pour qu'il puisse accomplir son œuvre rédemptrice il faut faire de cet ouvrage un livre de chevet.

M.S.

« En vérité, en vérité, je te le dis, si quelqu'un ne naît d'eau et d'esprit, il ne peut entrer dans le royaume de Dieu. »

JEAN III : 5.

CHAPITRE I

LE BAPTEME ET LE PÉCHÉ ORIGINEL

LA PUISSANCE CURATIVE DE DIEU.
COMMENT S'EN SERVIR

Le mot *sacrement* veut dire : pacte définitif contracté dans le sanctuaire de l'âme. C'est, autrement dit, ce rapport harmonieux entre le conscient et le subsconscient qui donne l'harmonie, la santé et la paix. Le mot vient du latin *sacrare* qui signifie sanctifier.

Le présent ouvrage a pour but d'expliquer le sens psychologique profond, vrai, du sacrement ; il se propose de révéler un merveilleux processus de renaissance spirituelle. En le lisant et en le méditant pour appliquer ensuite les techniques simples qu'il conseille, vous découvrirez en vous-même une puissance qui vous fera sortir d'un lit de malade, qui fera de vous un être en pleine santé, radieux et parfait. Vous y trouverez la clé du bonheur et la paix de l'esprit.

La plus grande prison qui soit au monde est la prison de l'esprit. Prenez dès maintenant la décision d'être libre et de modeler votre vie selon le prototype divin. A chaque page vous apprendrez comment vous servir de cette puissance magique et curative qui pansera les plaies des cœurs meurtris, qui proclamera la liberté du captif et l'ouverture des portes de la prison de ceux qui sont enchaînés par la peur, les échecs, la misère et la douleur.

Décidez de résoudre dès maintenant votre problème, décidez d'être prospère, d'aplanir toutes les difficultés. Marchez en avant, regardez en haut, par la Puissance de Dieu qui est en vous.

Pour avancer spirituellement il faut abandonner ce qui est médiocre pour avoir accès à ce qui est grand. Ceci est symbolisé dans la Bible par le sacrifice des animaux et signifie l'abandon du penser négatif destructeur et de toutes les émotions négatives, pour faire place en notre âme (le subconscient) aux qualités plus hautes, la bonté, l'amour et la vérité. En d'autres termes, le sacrifice des animaux veut dire la mise en pratique de la grande loi de substitution qui fait rendre l'amour pour la haine, qui remplace la tristesse par la joie, les ténèbres par la lumière, et qui pardonne à la mauvaise volonté. Le massacre des bêtes dont parle la Bible n'est point un massacre au sens ordinaire de ce mot. Il est vrai, bien sûr, que les peuples des diverses parties du monde, ignorants des lois de l'esprit, des lois de Dieu, s'efforçaient ainsi de se rendre leurs dieux propices. Dans certains pays les sacrifices humains sont encore offerts ; au cours de mon récent tour du monde j'en ai entendu parler en plusieurs occasions par de hauts fonctionnaires et par des notables.

Dans l'antiquité pendant les famines, lorsque les moissons étaient dévastées par les éléments ou si les troupeaux étaient décimés par les épidémies, les hommes offraient en sacrifices propitiatoires des bœufs et des boucs. Tous ces désastres, pensaient-ils leur étaient infligés par un Dieu courroucé. Pour l'apaiser ils offraient leurs sanglantes victimes croyant gagner ainsi ses bonnes grâces. Ces sacrifices avaient pour base l'idée qu'il faut abandonner ce qui nous est cher et précieux pour atteindre notre but, parvenir à nos fins. Cette antique superstition de la jungle subsiste encore de nos jours ; le Gouvernement Britannique a fait d'héroïques efforts pour en débarrasser toutes les parties de l'Empire. L'homme primitif offre ses propres enfants pour apaiser ses dieux.

En Inde je vis un homme dont les bras étaient paralysés et qui était devenu aveugle à force de fixer le soleil. Il s'était attiré cette paralysie et cette cécité volontairement, vou-

lant faire amende honorable pour ses péchés ;
il croyait être agréable à son dieu en se tor-
turant. J'en vis d'autres, mutilés, déformés,
tordus en toutes sortes de formes étranges,
misérables restes de ce qui avait été des hommes. Tout cela pour apaiser leurs dieux ou
pour racheter leurs péchés.

En Afrique du Sud j'entendis un homme
dire : « Si Dieu épargne mon fils, je cesserai
de boire et de jurer. » Encore un reste d'une
peur ancestrale, celle d'un Dieu vengeur.
Toutes ces pratiques sont dues au fait que
l'homme a postulé un dieu qui lui est étran-
ger, inscrutable, tyrannique, une sorte de despote oriental régnant du haut des cieux. Son
concept de Dieu semble être celui de quelque
Moloch cannibale qui ne se peut attendrir
que par de sanglants sacrifices et par la souffrance.

L'été dernier je me trouvai dans un temple
de l'Orient consacré au Bouddha. J'entrai en
conversation avec une jeune fille qui avait
fait cinq cents kilomètres pour s'y rendre.
Elle n'avait absorbé aucune nourriture depuis
trois jours ; en chemin elle avait fait brûler
force cierges devant le Bouddha, accompagnés d'offrandes de fruits. Chaque jour elle
priait longuement et chaque jour elle offrait
de nouveaux cierges, de nouveaux fruits. Elle
me dit qu'elle était sûre que ses prières se-
raient exaucées si elle jeûnait et dépensait

tout ce qu'elle pouvait en offrandes au Bouddha. Et je la vis vider sa bourse aux pieds de
la statue. Sa prière fut exaucée non pas parce
qu'elle avait fait brûler des cierges et donné
au Bouddha des oranges et du riz, mais à
cause de sa foi. Il lui fut fait selon sa foi.
Tous ses sacrifices avaient été vains car la
loi de la vie est une loi de croyance.

Si l'homme consent à se tenir tranquille,
à détendre son esprit et son corps et à croire
que sa prière est exaucée — elle le sera. Les
cierges, les oranges, les pélerinages ne sont
point nécessaires. Il serait stupide, sans doute, de dire que de telles pratiques sont mauvaises. Elles ne le sont point. Ceux qui s'y
astreignent croient que Dieu considère favo-
rablement leurs offrandes et par cela même
ils éprouvent un sentiment de *grâce* intérieure à la suite de leurs rites, de leurs cérémonies ou de leurs dons. Pourtant, toutes ces
observances sont basées sur l'ignorance et sur
l'incompréhension.

« Qu'ai-je affaire de la multitude de vos
sacrifices ? » dit l'Eternel. « Je suis rassasié
des holocaustes de béliers et de la graisse
des veaux : je ne prends point plaisir au sang
des taureaux, des brebis et des boucs. » *Esaïe
I : II*. La signification de cette citation est simplement celle-ci : tout autre état d'esprit que
celui de l'acceptation mentale parfaite de
votre désir ou de votre idéal est pour l'Eter-

nel une abomination. Tous les sacrifices ne
sont que superstitions et sont vides de sens.
Tout ce qui est nécessaire c'est de sentir la
réalité de votre prière ; de vivre, de vous
mouvoir et d'agir dans cette atmosphère mentale, comme si cela était déjà fait. Par cette
attitude d'esprit bien déterminée, votre croyance va prendre forme. Et voilà la signification de « Croyez que vous l'avez reçu et vous
le verrez s'accomplir. »

Le présent ouvrage a pour but de faire
tomber toutes les enjolivures et tous les orne-
ments pour révéler le principe premier et apprendre à s'en servir scientifiquement.

Penser que Dieu exige que vous répandiez
votre sang pour un autre, ou que vous demeuriez assis sur une fourmilière jusqu'à ce
que vos pieds soient dévorés, comme le font
certains hommes aux Indes est, bien entendu,
une monstrueuse absurdité qui transforme le
Dieu d'Amour en cannibale.

A Londres un homme me dit l'an dernier,
Nous sommes ici pour souffrir parce que la
Bible dit, « Nous nous glorifions même des
tribulations ». _Romains V : 3_. Celui-là aussi
pense que sa rédemption ne viendra qu'à travers la souffrance. Je lui expliquai cette citation ; elle est infiniment simple. Lorsque
vous être en tribulation, c'est-à-dire si vous
avez un problème, une difficulté, vous re-

cherchez la réponse, la solution, la sortie — voilà la gloire de votre tribulation. Le mot gloire est issu de deux mots, *embrasement* et *rayon*. Rayon signifie Lumière de Dieu ou Intelligence Infinie qui ne connaît que la réponse ; et embrasement la chaleur, la joie, son frémissement lorsque vous sentez, que vous avez la certitude que l'action de Dieu se manifeste au lieu même du problème ; et tandis que vous demeurez fidèle à cette conviction, l'aube se lève et les ombres fuient.

Faites bien en sorte de vous glorifier de votre prochaine tribulation. C'est là une technique simple de la prière. Ne la déformons pas pour ajouter encore des chaînes à ceux qui souffrent. Considérez la Bible comme votre propre biographie — une parabole — une histoire qui se répète éternellement. La Bible est un grand document psychologique qui vous apprend comment projeter la Puissance, la Sagesse et l'Intelligence de Dieu qui demeurent dans les profondeurs de votre inconscient. Vous pouvez faire un sacrifice dont je vous assure qu'il sera le point culminant de votre vie. Faites l'abandon de vos croyances en tous autres pouvoirs, intronisez simplement en votre esprit une Seule Puissance Spirituelle et n'en servez point d'autre. Ne reconnaissant qu'Une Puissance, vous unissant à elle, sachant que sa Vie, son Amour, sa Vérité et sa Beauté s'expriment à jamais à

travers vous, voilà le vrai sacrifice — tout le
reste n'est que superstition et absurdité.

Voici comment il faut procéder à un sacrifice. Un de mes amis était dernièrement, im-
pliqué dans un procès. L'adversaire mentait
et avait faussement prêté serment. Mon ami
en était extrêmement irrité, plein d'aigreur
et de récriminations. Je lui expliquai qu'il
lui fallait sacrifier ses sentiments négatifs et
les supplanter par un état d'esprit fait d'a-
mour, de foi, dans le principe absolu de
l'harmonie. Cédant à mes instances, au lieu
de gaspiller son énergie et sa vitalité en se
permettant des pensées négatives vis-à-vis de
l'homme qui le menait en justice, mon ami
détourna de lui sa pensée et se mit à prier de
la manière suivante : « .L'Harmonie absolue
de Dieu règne en maître dans l'esprit et dans
le cœur de tous ceux qui font partie de ce
procès et la solution harmonieuse et divine
apparaît. La Justice Divine et l'Amour Divin
prévalent ». Il répéta cette formule de vérité
avec foi, en sentant profondément ce qu'il
disait et jusqu'à ce qu'il eût le sentiment
qu'elle était enregistrée par son subconscient.
Ces vérités s'inscrivent dans le cœur par la
répétition, la foi et l'attente de la réponse.
Mon ami s'imagina qu'elles pénétraient dans
son subconscient comme des graines s'enfon-
cent dans la terre. Au bout de quelques jours
il était en paix ; les évènements ne tardèrent

pas à confirmer cette attitude mentale faite d'équilibre et de confiance. Le jugement fût rendu en sa faveur et fut, bien entendu, une bénédiction pour les deux parties. L'Ordre Divin était établi. « L'Ordre, dit Troward, est la première loi du Ciel. »

Cet incident explique toute la question du sacrifice et des sacrements. Mon ami sacrifia un état d'esprit soucieux pour le sentiment de son unité avec Dieu et avec Sa Loi d'Harmonie Absolue. Il se libéra de la peur, du souci, et se donna la foi et la confiance.

Nous avons dit que sacrement veut dire sanctifier. Le mot Saint (*holy* en anglais. N.T.) signifie être intégré, en paix, guéri, équilibré, serein et calme. Vous êtes Saint lorsque votre esprit est en paix, lorsque vous êtes plein de santé, joyeux, plein de bonne volonté envers chacun. Il y a, bien entendu, différents degrés d'intégrité et de perfection. Vous offrez un sacrifice lorsque vous vous détournez de la douleur pour vous plonger dans la rivière de la paix de Dieu qui inonde votre esprit et votre corps. Vous avez alors rejeté le fardeau de la douleur et vous avez décidé de jouir de la détente et de la santé parfaite.

Lorsqu'un bateau est en détresse on l'allège souvent en jetant par dessus bord une partie de son fret afin qu'il puisse prendre la vitesse nécessaire pour se mettre en sûreté

au port. Chaque fois que vous priez vous participez à l'un des sacrements et, en même
temps, vous sacrifiez quelque chose, parce
qu'en priant vous vous détournez d'une limitation et vous la rejetez. Sacrifiez par
exemple, l'idée de la pauvreté et nourrissez-
vous de l'idée d'abondance. Sacrifiez l'idée
de la haine et festoyez sur l'idée de l'amour.
Sacrifiez l'idée de la douleur pour vous complaire dans celle de la paix, remplacez l'idée
d'envie par celle de bienveillance. En priant
ainsi vous offrez vraiment un sacrifice parce
que vous abandonnez ce qui est inférieur
pour ce qui est grand. Philo Judaeus d'Ale-
xandrie dit tout cela en quelques mots merveilleux, propres à émouvoir notre âme et
combien vrais ; il dit que l'on ne peut offrir
à Dieu que la « Louange et l'Action de Grâces ».

C'est dans ce sens que chaque jour celui
qui recherche la Vérité s'offre lui-même sur
une croix et répand son sang. La croix signifie que vous quittez les ténèbres pour la lumière, l'ignorance pour la connaissance, la
peur pour la foi, la maladie pour la santé, la
mauvaise volonté pour la bienveillance. L'étudiant de la vérité est toujours en train d'accomplir une traversée psychologique, c'est-à-
dire que sur les ailes de sa pensée et de son
sentiment il s'élève au-dessus de la barrière,
de l'obstacle ou du problème et demeure dans

le lieu secret (1) les profondeurs de son esprit, pour y contempler la solution Divine.
C'est là qu'il l'imagine telle qu'elle doit être ;
et ainsi il répand son sang. Le sang c'est la
vie ; le métaphysicien répand la vie, l'amour,
le sentiment profond sur ce qu'il imagine et
il en fait ainsi une réalité. Autrement dit il
donne corps à sa prière. Il prend conscience
de la réalité de l'idée invisible. Car l'idée est
réalité. Il s'en réjouit donc et en rend grâces.
Ainsi faisant, le métaphysicien meurt à la
croyance du problème pour s'élever jusqu'à
celle de la solution, sentant dans son cœur
que sa prière est exaucée. Il est entré dans
la joie de l'exaucement ; il a répandu son
sang pour un autre et il l'a sauvé de son problème.

Vous voyez combien il est simple de percevoir la vérité de la Bible. Permettez m'en un
exemple. Un de mes amis dînait avec moi à
l'Hôtel Australia, le plus beau de ce pays. Il
me dit qu'il était atteint d'une tumeur. C'était
un excellent métaphysicien qui, deux fois
par semaine, faisait un cours pour les pas-
teurs Protestants afin de leur enseigner le
sens profond de la Bible. Nous décidâmes
de prier ensemble pour lui et soudain je
lui dis : « Je vais verser mon sang pour vous
sur la croix ». Il me répondit : « C'est la

(1) Allusion au Psaume 91. (N.T.).

prière parfaite ». Ravi par cette réponse, je le priai de m'en donner la signification. Il me raconta alors qu'il avait étudié aux Indes dans une école ésotérique où l'on enseigne que le récit de la pâque et de la crucifixion illustre la technique parfaite de la prière (voir mon « *Évangile selon Jean* » (édition révisée) (1).

Je séjournai huit jours à Sydney et j'y revins pour une autre semaine, en route depuis la Nouvelle Zélande vers les Indes. Je priai pour mon ami matin et soir faisant mienne sa requête et me disant : « J'ai nettoyé mon propre esprit de la croyance en une tumeur ». La croix que je portais c'était son désir de santé qui était à présent mon propre concept de la santé et de la perfection. Je savais que pour que la crucifixion s'accomplisse, l'idée de sa santé parfaite, de son harmonie, de sa perfection devait passer de mon conscient à mon subconscient, c'est-à-dire se fixer en lui, devenir une croyance.

La crucifixion signifie la traversée du conscient au subconscient. Lorsque vous parvenez à imprimer dans votre subconscient la foi en la santé parfaite, la guérison s'ensuit. Vous êtes fixé dans la croyance (la crucifixion) qu'il en est ainsi.

(1) Non traduit en français. (N.T.).

Chaque matin et chaque soir je priais de la façon suivante : « Jean Durand, mon ami, est l'homme de Dieu. Il est pur esprit. L'intégrité de Dieu, Sa pureté et Sa perfection sont manifestées dans chaque atome de son être. Cette idée d'harmonie, de santé parfaite et de paix est maintenant imprimée en mon esprit et je sais que Jean est intègre, pur et parfait. Dieu et Son Amour sont pleinement exprimés dans l'esprit et dans le corps de Jean ». C'est ce que j'affirmais matin et soir après être entré dans un état de détente complète et de méditation, allant jusqu'à la somnolence. Figurativement je versais mon sang pour Jean, c'est-à-dire que je donnais vie à mes paroles en prenant conscience de leur vérité. Dans la Bible le sang représente la vie, le sentiment, la conviction. C'est un état d'âme, une attitude mentale bien établie. Je répandis donc mon sang sur la croix pour mon ami. Il me fallut mourir psychologiquement à la croyance en une tumeur et ressusciter à l'idée de sa santé parfaite et de son harmonie. Pendant ce temps il priait de même ; il fut complètement guéri.

Pour quiconque possède un peu de sens commun, une instruction moyenne, et pour peu qu'il ait l'esprit ouvert, toute la signification de notre rédemption par le sang de l'agneau devient compréhensible. Et il en est ainsi à travers la Bible. L'agneau représente

Dieu, la vie, le principe de toute guérison ; le sang de l'agneau la vie, la puissance, la sagesse et l'intelligence de Dieu en action. Peut-il y avoir quelque chose de plus simple ? Si vous vous perdiez dans la jungle, l'Intelligence de Dieu vous en sortirait si vous vous recueilliez pour dire : « Dieu me guide et me révèle le chemin parfait ». Ce chemin vous serait découvert et vous seriez dirigé par une Présence et contraint d'avancer dans la direction qui vous mènerait au salut. Vous avez été sauvé par le sang de l'agneau. Entendez-vous ? Voyez-vous ? Est-ce clair ? Cela pourrait-il être plus simple ? Vous vous offrez à Dieu lorsque vous Lui dédiez toutes vos pensées et tous vos sentiments. Le sentiment suit la pensée. Lorsque toutes vos pensées sont des pensées de Dieu, alors la Puissance de Dieu accompagne vos bienveillantes pensées.

Je dis aux étudiants qui suivaient mes cours sur « Le Sens profond des Sacrements » qu'ils n'entendraient que des paroles parfaitement familières mais que je souhaitais qu'ils les entendissent prononcées de façon inhabituelle. Prenons par exemple l'injonction donnée par Moïse aux enfants d'Israël, « Ne laissez jamais le vase découvert ». Le vase c'est votre esprit dont vous êtes présumé avoir la garde ; que vous devez surveiller et gouverner de sorte que tous les concepts de nature négative n'y trouvent point asile. Autrement dit, vous devez si bien remplir votre esprit des idées et des vérités de Dieu qu'il n'y ait plus de place pour les pensées négatives et destructrices. Si quelqu'un vous invitait à demeurer dans les bas-fonds de votre ville, vous lui répondriez, je pense, que vous ne voulez à aucun prix vous mêler aux mauvais sujets, aux assassins et aux voleurs qui s'y trouvent. Pourtant vous descendez dans les bas-fonds, ceux de votre esprit, lorsque vous nourrissez le ressentiment, la jalousie, la malveillance. Ces « gangsters » qui y résident vous voleront votre vitalité, votre paix, votre bonheur, votre santé et votre joie, et vous laisseront brisé physiquement et mentalement. Marchez dans les rues ensoleillées de votre esprit et cheminez avec les merveilleux compagnons que sont la bonté, la vérité et la beauté. Ceux-ci vous amèneront par les chemins paisibles et agréables — (Proverbes III : 17. N.T.).

Votre conscient doit donc couvrir votre subconscient afin que les fausses croyances, les erreurs, les craintes etc, qui flottent dans l'air ne puissent y pénétrer pour le polluer. Cette *couverture* est votre esprit conscient, volontaire, actif. Soyez très attentif aux pensées, aux concepts et aux idées que vous choisissez pour compagnon. Toutes nos maladies sont créées par notre propre esprit. Notre esprit est créateur. Si nous pensons au bien,

le bien s'ensuit ; si nous pensons au mal, il
fait son apparition. Si vous aviez le libre arbitre, et vous prétendez l'avoir, choisiriez-vous
la maladie, la pénurie, les limitations, etc ?
N'abandonnez pas votre domination spirituelle.

Votre libre arbitre consiste-t-il à faire un
mauvais choix — la croyance, la foi dans les
effets extérieurs, dans les causes externes ?
Lorsque vous vous éveillerez à votre puissance intérieure vous ne choisirez plus que
ce qui est de Dieu. Vous déciderez de ne prendre que les choses qui sont vraies, belles et de
bon aloi. Votre choix se portera toujours sur
quelque grande vérité de Dieu pour en faire
le sujet de vos méditations. Vous choisirez le
positif, l'idéal, le but, la solution, le moyen
de sortir de l'ornière.

L'enseignement des sacrements a pour but
de vous ramener au véritable libre arbitre
dans le choix du bien. Comment pouvez-vous
vous poser en homme libre si vous êtes re-
tenu dans les chaînes de la croyance au péché, à la maladie, à la haine et si vous y êtes
maintenu par un enseignement faux ?

Avant de parler du Baptême, expliquons
ce que c'est que le *péché originel*. Ces deux
mots symbolisent l'état négatif de l'ignorance ; c'est être aveugle aux choses spirituelles. Dans le *Dictionnaire des langues Sacrées*,

le péché originel représente la chute, ou la descente dans la matière ; c'est, autrement dit, Dieu devenant homme. Il n'y a qu'un Être ; et lorsqu'un enfant naît, c'est cet Unique qui S'exprime à travers cet enfant. Lorsqu'un enfant naît, que ce soit le Roi d'Angleterre ou l'homme des bas-quartiers, il naît à tout ce que représente son milieu. Il naît aux croyances de la race humaine et il est sujet à l'atmosphère mentale de son foyer et de tous ceux qui entrent en contact avec ce foyer.

Quimby a dit qu'un enfant est semblable à une page blanche sur laquelle tous ceux qui l'approchent peuvent écrire. L'atmosphère mentale dominante des parents au moment de la conception détermine le type de l'enfant qui va naître. (Voir mon livre sur la réincarnation qui explique pourquoi des enfants anormaux naissent) (1). La signification du péché originel c'est tout simplement le sentiment de la séparation d'avec Dieu. L'enfant est à la merci des parents et il grandit à l'image et à la ressemblance de l'atmosphère mentale qui domine au foyer. La sagesse, la puissance et l'intelligence de Dieu résident en l'enfant parce que le royaume de Dieu est au-dedans de nous tous et que Dieu est notre vie même.

(1) Non traduit de l'anglais. (N.T.).

Les fausses croyances, les peurs et les opinions des parents s'impriment sur le subconscient de l'enfant et le façonnent. C'est cela la tache du péché originel, l'immersion de tous les hommes dans l'entendement mortel. Le sacrement du baptême représente symboliquement l'éveil de l'homme à ses pouvoirs intérieurs ; la découverte que la sagesse, l'intelligence et l'amour de Dieu sont en lui, attendant qu'il s'en serve. Lorsque nous découvrons la puissance créatrice de notre pensée, lorsque nous comprenons que nos pensées et nos sentiments créent notre destinée, nous sortons de l'entendement mortel que Troward a nommé la loi des moyennes, et nous sculptons nous-même notre destin.

Ignorant de sa propre puissance spirituelle, l'homme commet toutes sortes d'erreurs, choisit ce qui lui est néfaste. Lorsqu'il se met à penser à ce qui est vrai, beau, noble, élevé et divin, il s'aperçoit que l'Entendement créateur lui fait écho et que le bonheur et la paix en résultent. Si vos pensées sont sages, vos actes le seront aussi. Partout il y a action et réaction. En se servant de la connaissance des rapports qui existent entre le conscient et le subconscient, en veillant à ce qu'ils soient harmonieux et paisibles, l'homme donne au sacrement sa fonction et sa définition véritables. Le conscient est analytique, c'est le raisonnement : il a la faculté de choisir. il est personnel et sélectif. L'inconscient est impersonnel et ne choisit point, il ne raisonne que par déduction. Tout ce que vous pensez, tout ce que vous sentez être vrai, le subconscient l'accepte et le manifeste en tant qu'état, expérience ou événements. Le subconscient ne discute point ; il ne fait qu'accepter les prémices de votre conscient, que celles-ci soient vraies ou fausses, et immédiatement il les mène vers une conclusion logique.

Cet acquiescement du subconscient est la raison pour laquelle il est extrêmement important de choisir judicieusement vos pensées et de baser vos projets sur la règle d'or (1) et sur la Loi d'Amour. Ne laissez jamais entrer dans votre conscient ce qui n'est pas de nature à vous bénir, à vous guérir, à vous inspirer. Demandez-vous : « Est-ce que cette pensée, cette idée est bonne ? Est-elle de nature à m'élever ? Est-elle semblable à Dieu ? D'où vient-elle ? Est-elle de nature à bénir ceux qu'elle concerne ? » Si vous ne pouvez pas répondre par l'affirmative, rejetez cette pensée comme impropre à la maison de Dieu.

Lorsque vous reconnaissez le pouvoir spirituel qui est en vous comme étant Tout-Puissant, Unique et Indivisible, vous quittez l'entendement mortel pour entrer dans ce que

(1) « Ce que vous voulez que les hommes vous fassent faites-le de même pour eux. » *Luc VI : 31.*

Troward appelle le Cinquième Royaume.
Vous avez découvert Dieu, le Pouvoir Créateur, lorsque vous le considérez comme la seule cause, la seule puissance, sachant en même temps qu'il répond à votre pensée. Vous
êtes devenu citoyen du Cinquième Royaume
et vous n'êtes plus sujet à l'entendement mortel. Vous vous débarrassez du péché originel
parce que vous rejetez les fausses croyances
les opinions et les traditions humaines. Vous
ne donnez plus aucun pouvoir au monde ap-
parent, comprenant qu'il n'est qu'un effet et
non point une cause. Vous vous tournez sans
cesse vers la puissance spirituelle qui est en
vous ; vous l'aimez et vous lui êtes fidèle.
Que votre prière quotidienne soit : « Je suis
le canal au travers duquel coulent l'Amour, la
Beauté, l'Harmonie, la Paix, l'Opulence et
l'Intelligence de Dieu. Toutes les qualités,
tous les attributs, tous les pouvoirs s'expriment merveilleusement à travers moi ».

Au fur et à mesure que vous affirmerez
ceci plusieurs fois par jour, sentant ces vérités s'imprimer dans votre cœur et au plus
profond de votre être, votre monde se fon-
dra magiquement pour prendre l'image et la
ressemblance de votre penser habituel.

Le baptême est le symbole de la purification
du subconscient par la vérité, la pensée juste. Le Dr Nicoll dit que le but de toutes les
écritures sacrées est de donner un enseigne-

ment, des connaissances plus élevées, en partant d'un point ordinaire. Pour comprendre les sacrements il faut en percevoir le sens psychologique, concevoir un niveau de conscience supérieur. Le but, l'intention des sacrements est de provoquer un changement intérieur, une transformation de l'esprit et du cœur afin que l'homme renaisse spirituellement. Les récits de la Bible doivent être interprétés psychologiquement, sans quoi ils sont pleins de contradictions et d'absurdités.

Renaître veut dire monter vers un niveau de connaissance et de conscience spirituelle plus élevées. Au cours du baptême le prêtre verse de l'eau sur la tête du baptisé en disant : « Je te baptise au nom du Père, du Fils et du Saint-Esprit ». Dire qu'un homme peut être éveillé spirituellement, ou faire l'expérience d'une transformation intérieure, renaître en un mot, parce qu'il se plonge dans une piscine ou parce qu'on lui verse de l'eau sur la tête est tout simplement absurde. Quelle est la signification de l'eau ? La Bible se sert de choses concrètes, tangibles, pour représenter des attitudes mentales, des sentiments, des croyances. Prenons quelques exemples de ce que signifie l'eau. « Quiconque boira de cette eau aura de nouveau soif ; mais celui qui boira de l'eau que je lui donnerai n'aura plus jamais soif ; l'eau que je lui donnerai deviendra en lui une source d'eau

jaillissant en vie éternelle. » *Jean 4 : 13-14*.
Jésus parle ici d'un rafraîchissement spirituel — d'inspiration divine ; la direction divine, le rayon de lumière qui entre dans un
esprit enténébré, troublé.

Lorsque vous êtes dans le désarroi, tran-
quillisez votre esprit, détendez-vous et dites-
vous, « Dieu connaît la réponse dont j'ai besoin. « Prenez-en bien conscience, croyez-le
bien et au moment où vous vous y attendez
le moins, la réponse apparaîtra à votre conscient. C'est cela le puits qui se trouve dans
les profondeurs de votre être et d'où sort
« l'eau » qui abreuve les aridités de votre esprit. Il est inconvenable que l'on puisse penser qu'il ne s'agit ici que d'eau au sens physique. Dans l'antiquité, dans toutes les langues sacrées, l'eau symbolisait la Vérité, l'É-
ternelle Réalité, source de toute manifestation. L'eau représente l'unité, l'intégrité, la
pureté, l'action, l'indivisibilité. Dieu est Un et
Indivisible.

« L'Infini », dit Troward, « ne peut être ni
divisé ni multiplié. Il n'y a en lui ni divisions
ni querelles. Il ne peut y avoir deux puissances, autrement l'une neutraliserait et an-
nulerait l'autre. En mettant votre foi en Une
Puissance unique dont l'intégrité, la pureté
et la perfection coulent à travers vous, vous
prenez conscience de votre unité avec tout ce
qui est bon et vous vous mettez à reproduire

toutes les qualités de Dieu par la contemplation de l'esprit qui est en vous. C'est alors que vous êtes vraiment baptisé parce que vous permettez à la Vérité de Dieu d'oindre votre intellect. De plus, vos pensées, vos paroles et vos actions deviennent conformes aux normes spirituelles et à la Loi de l'Unité qui est le bien de la paix.

Dans la Bible l'eau représente aussi la connaissance. « Les paroles de la bouche d'un homme sont des eaux profondes ; et la source de la sagesse est un torrent qui jaillit. » *Proverbes 18 : 4.* Un merveilleux moyen de prier consiste à faire taire les sens, à se détourner du monde extérieur pour donner toute son attention à la puissance de Dieu qui nous habite. Par exemple, si vous désirez vendre votre maison, commencez à imaginer que votre agent immobilier, ou un de vos amis, vous félicite de l'avoir bien vendue. Ressentez toute la joie, toute la satisfaction de l'affaire conclue («... Croyez que vous l'avez reçu et vous le verrez s'accomplir. ») Réjouissez-vous, rendez grâce de cette vente ; entrez dans la réalité de l'état de choses que vous souhaitez. Votre sentiment c'est l'esprit de Dieu se mouvant au-dessus des eaux — votre esprit. Votre esprit, votre sentiment, c'est l'eau. L'eau prend la forme du récipient dans lequel elle est versée, de même votre esprit créateur produit tout ce dont vous avez

la conviction. Vos états d'esprit déterminés
deviennent des conditions, des évènements,
des états de fait. Une des significations de
l'eau est l'esprit. Psychologiquement votre
esprit se meut et coule sans cesse. A mesure
que vous nous lisez votre esprit se meut,
voyage psychologiquement d'une idée à l'autre. Lorsque vous contemplez la solution divine de votre problème, la réponse parfaite,
lorsque vous prenez conscience de ce que
Dieu résout tous les probèmes, lorsque vous
vous en remettez à la Loi absolue d'Harmonie et de Perfection, sachant bien qu'elle pré-
vaudra, alors vous pouvez dire avec le Psalmiste : « Il est un fleuve dont les courants
réjouissent la cité de Dieu ». *Psaume 46 : 5.*
La cité de Dieu, c'est votre esprit lorsqu'il
est en paix et les courants sont les pensées
divines que vous entretenez. Lorsque vous
avez soif, l'eau vous rafraîchit ; de même
lorsque vous êtes perplexe, troublé, agité,
l'eau, la connaissance spirituelle, vous ra-
fraîchira et rendra la paix à votre esprit.
« Et n'eût-on donné qu'une tasse d'eau froide à l'un de ces petits parce qu'il est mon
disciple, je vous dis en vérité qu'on ne per-
dra point sa récompense. » *Matthieu 10 : 42.*

Il serait absurde de croire que ces paroles
inspirées n'ont trait qu'à une tasse d'eau
froide. Le mot « tasse » signifie le cœur, le
subconscient. Votre esprit, comme une tasse,

doit être ouvert, réceptif, afin que vous soyez à même de recevoir la vérité. Il vous appartient de vous donner à vous-même une tasse d'eau en lisant ces pages, c'est-à-dire de mettre en pratique les vérités simples qu'elles contiennent. Vous pouvez également les partager avec autrui, donnant ainsi « une tasse d'eau aux petits ». Les « petits » ce sont tous ceux qui n'ont encore qu'une faible connaissance de Dieu et de Ses œuvres. Nul ne peut comprendre l'Infini ; l'esprit fini est incapable de posséder l'Infini, mais nous pouvons, dans une large mesure, apprendre et mettre en œuvre les lois de notre esprit et nous servir de notre puissance intérieure.

Le baptême était pratiqué bien avant le Christianisme. A travers le monde les peuples baptisaient par le feu et par l'eau. Nous l'avons déjà dit, toutes ces cérémonies sont symboliques ; le baptême est le signe extérieur de la grâce intérieure à laquelle on aspire. *Grâce* signifie « l'amour et la sagesse de Dieu ». Lorsque nous percevons la réalité des valeurs spirituelles et lorsque nous en faisons état dans notre vie, nous sommes baptisé chaque jour et à chaque heure. L'eau qui est versée sur la tête représente symboliquement la purification du conscient et du subconscient. L'acte extérieur est sans signification réelle à moins qu'il ne s'accompagne d'un changement intérieur. C'est ce changement qui compte.

Si vous avez peur des microbes, de l'effet du temps sur votre santé, peur de certaines personnes, peur de certaines conditions, vous n'êtes point baptisé. Lorsque vous l'êtes vraiment, vos yeux sont ouverts à la vérité de Dieu, cette vérité vous étreint au point que vous vous écriez « Je suis Né à nouveau ! ». Lorsque vous êtes propre intérieurement vous l'êtes aussi à l'extérieur et la propreté est toute proche de la divinité. « Tous les sacrements ont pour but l'union de votre âme à Dieu, le bien. Votre sauveur c'est la réalisation de votre désir. Si vous êtes malade, votre sauveur c'est la santé ; si votre esprit est plein de discorde, la paix est votre sauveur. La solution de votre problème, quel qu'il soit, est toujours votre sauveur. Si, par exemple, un homme se croit atteint d'une maladie incurable, à partir du moment où il comprend que Dieu peut tout et que l'Intelligence qui créa son corps et tous ses organes peut le guérir, son esprit fixé sur cette idée nouvelle lui apportera la rédemption. Cette idée est son Sauveur et sa guérison s'ensuivra. Cet homme là meurt à l'idée qu'il ne peut être guéri et l'idée de la santé parfaite s'empare de son esprit. La Présence de la Guérison Infinie répond à sa foi et il guérit. Sa prière a été exaucée — il est baptisé, c'est-à-di re qu'il est purifié d'une fausse croyance. Méditez sur l'idée de la santé, jusqu'à ce qu'elle fasse partie de votre conscience et vous serez tout rempli du bien-être auquel vous aspirez.

Jésus dit : « En vérité, en vérité, je te le dis, si quelqu'un ne naît d'eau et d'esprit, il ne peut entrer dans le royaume de Dieu. » *Jean 3 : 3-4-5.*

Nicodème représente le type très répandu de l'homme qui croit à la lettre les écritures ; pourtant il recherche la vérité ; il commence à percevoir une divine Puissance intérieure. Nicodème se rendant auprès de Jésus la nuit, représente l'homme qui jusqu'à présent a été gouverné par ses sens et qui, s'éveillant à la vérité, se tourne vers la puissance spirituelle intérieure que représente Jésus, et commence à assimiler, à absorber les vérités célestes. Nicodème représente l'état d'esprit de celui qui a une croyance religieuse uniquement parce que ses parents l'avaient avant lui. Nicodème était un Pharisien, c'est-à-dire une personne qui observait les formes extérieures de la religion sans avoir aucune compréhension spirituelle quant à ses origines ou à sa signification. Nicodème pense que renaître c'est renaître d'une femme. Il ne comprend point qu'un homme puisse entrer une seconde fois dans le sein de sa mère symboliquement pour renaître spirituellement.

Et pourtant cela a lieu tous les jours et dans le monde entier. Le sein de la mère, l'utérus représente l'entendement créateur, la conscience. La plupart des hommes pensent à Dieu comme étant très lointain ; ils pensent que le Ciel est un lieu où ils iront après leur mort. Pour bien comprendre ce que c'est que renaître il nous faut abandonner nos préjugés religieux, nos antipathies et les illusions des sens. Renaître c'est accéder à un niveau plus élevé de l'être, c'est un nouvel état de conscience dans lequel l'homme commence à penser de façon nouvelle.

J'ai connu à Londres un alcoolique qui avait été aussi un assassin. Cet homme avait le désir intense de devenir autre. Il priait constamment : « Dieu et Son amour remplissent mon cœur et mon esprit ». Tandis qu'il se détachait de son ancienne manière de penser par la méditation sur Dieu et sur Son amour, un immense changement s'accomplit en lui, une lumière se mit à briller dans ses yeux et il fut saisi d'une divine Puissance qui l'éléva vers un nouvel état de conscience. La paix et la tranquillité intérieures s'emparèrent de lui ; son cœur se transforma et maintenant cet homme aide les autres à accéder à la vie glorieuse. Il était entré une seconde fois dans le sein de sa mère ; ce qui veut dire que tandis qu'il priait, le sentiment de la joie et de sa guérison prit possession de son esprit ainsi que la paix qui passe tout entendement.

L'utérus disions-nous, symbolyse la puissance créatrice. Qu'est-ce que la puissance créatrice ? C'est la conscience. Et qu'est-ce que la conscience ? C'est ce que vous pensez, c'est ce que vous sentez, ce que vous croyez ; c'est ce à quoi vous consentez intérieurement. Votre état de conscience crée toutes les conditions de votre univers. La conscience est l'unique puissance. De quoi avez-vous présentement conscience ? Dites-vous : « Je suis triste. Je suis pauvre. Je suis inférieur. Je suis malade, etc... » ? Avez-vous conscience de ces états-là ? Dans ce cas vous les créez. Mais il vous est loisible de dire : « Je suis fort. Je suis puissant. Je suis radieux. Je suis heureux, etc... ». Il vous est loisible de penser, de sentir ces états, et, bien entendu, vous créez ce faisant des circonstances semblables. On appelle cela l'utérus, le sein, parce qu'un enfant sort d'un sein. Les enfants de votre esprit sont la santé, l'harmonie, la paix, l'abondance, l'amour, l'expression parfaite, etc.., Vos pensées sont les enfants de votre esprit. Les pensées sont des choses. « Un homme » dit Emerson « est ce qu'il pense tout au long du jour ».

Votre penser habituel détermine votre destinée. Tel Nicodème, la plupart ne comprennent pas que renaître est un processus mental et spirituel ; la spiritualisation de la mentalité tout entière. J'eus un jour l'occasion d'enseigner à une jeune « star » de cinéma comment se servir de ses pouvoirs intérieurs, autrement dit, comment renaître. Cette jeune femme n'avait pas su se servir d'un dixième de son talent. Elle se mit à imaginer plusieurs fois par jour qu'elle enthousiasmait des foules en chantant à la plus grande gloire de Dieu. « Dieu chante, pense et agit à travers moi », déclarait-elle, et elle se concentra sur son idéal. Continuant sa méditation, elle finit par en faire une réalité et se mit à exprimer objectivement ce qu'elle sentait subjectivement. L'artiste qui était en elle sortit du sein de la conscience, et cette jeune femme se débarrassa du sentiment d'infériorité, de culpabilité, de condamnation de soi, pour ressusciter les qualités de foi, de confiance et d'équilibre.

Au cours de certains rites du baptême le néophyte est plongé dans l'eau, cette immersion symbolise aussi la descente dans la tombe — une mort. La sortie du néophyte de l'eau dans laquelle il vient d'être immergé, représente une résurrection ; l'entrée dans une vie nouvelle. Tout ceci signifie que le vieil homme meurt afin que naisse l'homme nouveau. Ce n'est point l'eau qui nettoie mentalement ; le seul changement qui compte est le changement de conscience, le changement qui vient du cœur et par lequel se transforment la pensée, les sentiments et les actes.

« Ce qui est né de la chair est chair ; et ce qui est né de l'Esprit est esprit. » *Jean 3 : 6.* La chair représente l'entendement mortel, l'entendement de la race humaine, l'homme limité à ses cinq sens et gouverné par ses opinions et ses fausses croyances. Ses pensées et ses réactions mentales sont fonction de l'orientation qu'il leur donne ; en fait il est une sorte de machine stéréotypée, il réagit automatiquement et mécaniquement en toute circonstance. Ses réactions, que ce soit vis-à-vis de ce qu'imprime son journal, en matière de politique, de religion ou du comportement d'autrui sont toujours pareilles. Ses actions sont déterminées par ce que disent les autres. Voyez comment il réagit si vous vous permettez de critiquer l'homme politique de son choix. Cette homme-là est né de la chair. Celui qui est né de l'Esprit ne réagit point mécaniquement. Il sait que ni les nouvelles, ni les personnes, ni les commentaires ou les critiques ne peuvent l'atteindre parce qu'il a conscience d'être le seul penseur dans son univers et de ce que personne n'a le pouvoir de le troubler.

Lorsque l'on est en possession de ses propres pensées et que l'on sait les commander comme on donne des ordres à un employé, comment autrui pourrait-il nous nuire ? Il faudrait pour cela accepter une suggestion négative. Vous comprenez sans doute à présent ce que c'est que renaître.

L'idée de la *chair* inquiète beaucoup de personnes. J'en ai rencontré ici et en Orient qui pensaient que pour en être maître il fallait adopter une discipline rigoureuse, embrasser le célibat, devenir végétarien afin de réduire le corps à merci par la quasi inanition et renoncer à tous les plaisirs physiques. D'autres recommandent la flagellation et toutes sortes de tortures. Il est exact que beaucoup d'êtres pensent être agréables à Dieu en vivant dans des cavernes ou dans la solitude : ils espèrent atteindre ainsi un niveau de conscience plus élevé. En fait, il est tout à fait absurde de tenter l'éveil spirituel par l'ingestion de carottes, en vivant en ermite, en buvant six verres d'eau par jour ou en se concentrant sur un point fixé au mur ou encore sur son propre nombril. Souvenez-vous de cet impératif en matière d'enseignement spirituel : *n'essayez jamais de purifier votre esprit de l'extérieur.* Ce serait aller à un échec absolu et certain. Il faut agir de l'intérieur ; l'extérieur est l'effet, l'intérieur la cause. Prenez soin du dedans, et l'extérieur manifestera ce qui est intérieur. « Au dehors comme au dedans. »

Beaucoup de gens me disent qu'ils renoncent aux douceurs de la vie. Ils sont affamés, neurasthéniques, en proie aux aberrations ; d'autres se sont séparés de leur conjoint espérant ainsi atteindre la sainteté. Ils sont troublés par le mot *renoncement*. En réalité Dieu veut que Ses enfants soient heureux, joyeux, et qu'ils jouissent de toutes les douceurs de la vie qui toutes viennent de Lui. Renoncer veut dire rejeter toutes les émotions qui sont négatives et destructrices ; rejeter mentalement toutes les pensées qui sont indignes du temple de Dieu — notre esprit. Refuser de se complaire dans la pitié de soi-même, dans les récriminations. Renoncer au pseudo plaisir de se prendre pour une victime, renoncer aux sentiments de supériorité, d'orgueil spirituel, d'arrogance, de vanité. Il s'agit de rejeter tout ce qui fait obstacle à notre paix intérieure dans le sanctuaire de notre âme. Observez-vous souvent au cours de la journée et dites-vous, « A quoi est-ce que je pense ? Quelles sont mes fréquentations mentales ? » Reprenez-vous s'il y a lieu et prenez l'habitude de vous entretenir avec Dieu et de marcher dans Sa voie.

Considérez la chenille, et voyez quelle est sa métamorphose ; par son changement intérieur elle prend des ailes et devient papillon. Les ailes ne lui ont pas été ajoutées, la transformation révèle ce qui existait déjà. Vos ailes à vous sont vos pensées et vos sentiments qui vous permettent de prendre votre essor pour demeurer en sécurité dans le Lieu Secret du Très-Haut (1), cette Forteresse Inexpugnable, cette Citadelle Invisible, par delà le temps et l'espace. En ce sanctuaire intérieur vous pouvez méditer sur la réalité de votre désir en en prenant profondément conscience ; quoi que ce soit que vous imaginiez et sentiez profondément vous le deviendrez, vous en ferez l'expérience. C'est ce que Troward appelle : « la contemplation de soi et de l'esprit ». L'esprit devient ce qu'il prend conscience d'être.

Troward dit aussi : « Le sentiment fait loi et la loi est le sentiment, la loi de la création parfaite ». C'est le sentiment qui fait l'artiste, et la prière vaut ce que vaut le sentiment dans lequel elle est prononcée. Entrez donc dans « la douce heure de la prière » et faites une réalité profonde de votre désir, votre conscience, l'eau se répandra en manifestation (l'eau et l'esprit, la conscience et le sentiment). « Ne vous modelez point sur le siècle présent, mais soyez transformé par le renouvellement de votre esprit. » *Romains 12 :* 2.

L'homme sort de l'ovule fécondé. Ceci est déjà une transformation ; la semence devient une véritable ressemblance. Lorsque la Bi-

_____

(1) Allusion au Psaume 91. (N.T.).

ble parle du baptême et de transformation
elle fait allusion à une transformation psychologique et émotionnelle. En fait vous vivez avec vos pensées, vos sentiments, vos
croyances, vos émotions, vos états d'âme, vos
images mentales, vos concepts et vos rêves,
tout au long de la journée. La nouvelle interprétation de la vie est le vrai baptême. Lorsqu'un homme est vraiment baptisé, son âme
est indélébilement marquée. L'amour divin
prend à jamais possession de son cœur et de
sa langue aussi ; Dieu l'a marqué de Son
sceau et il projette Sa lumière et Son amour
dans tous les aspects de sa vie. « Ne savez-
vous pas que je dois m'occuper des affaires
de mon Père ». *Luc 2 : 49.*

Le baptême, autrement dit la guérison par
la prière, est à l'honneur tout au long de l'Ancien Testament. Dans le livre II des Rois, au
chapitre 5, nous lisons qu'un notable Syrien,
Naaman, était lépreux. La servante de sa femme dit à celle-ci que le prophète Elisée pouvait guérir son mari. Naaman alla donc
voir Elisée et Elisée lui envoya un messager
qui lui dit : « Va te laver sept fois dans le
Jourdain et ta chair redeviendra saine et tu
seras pur. » *II Rois 5 : 10.* La Bible nous rap-
porte que ce message rendit Naaman furieux.
Il s'était attendu à ce que le prophète lui im-
posât les mains et le guérît. Pourtant ses ser-
viteurs le persuadèrent d'obéir au commande-

ment d'Elisée. « Alors il descendit et se plongea sept fois dans le Jourdain selon la parole de l'homme de Dieu ; et sa chair redevint comme la chair d'un jeune enfant et il fut pur. » *II Rois 5 : 14.*

Une interprétation purement littérale de cette histoire serait d'une absurdité parfaite. L'interprétation psychologique, par contre, remplit notre âme de joie. Au sens biblique, tout homme entièrement attaché au monde matériel et qui croit que ce monde extérieur est celui des causes, est lépreux, c'est-à-dire qu'il est impur. Tout homme qui se trouve devant un problème est Naaman. Celui-ci représente l'état du conscient qui commence à admettre la Divine Omnipotence, la Puissance qui guérit et qui aspire à s'unir à Elle. Elisée veut dire : Dieu est le salut, autrement dit, la présence de Dieu en vous est la solution de votre problème. La petite servante symbolise la perception spirituelle, l'éveil de l'esprit aux valeurs spirituelles. Les sept ablutions dans le Jourdain représentent symboliquement la purification de l'esprit par le baptême de la pensée spirituelle. Le Jourdain signifie le subconscient qui est susceptible d'être influencé négativement aussi bien que positivement. Lorsque l'homme est dans l'ignorance et point encore racheté, le subconscient est encrassé par les concepts faux et le témoignage trompeur des sens. Le sub-

conscient doit être débarrassé du courant négatif qui est la cause de toute maladie et de
toute douleur, par la prière scientifique sym-
bolisée par les sept ablutions. Lorsque la purification est complète la guérison s'ensuit. La
haine, le sentiment de culpabilité, le ressentiment, la jalousie et toutes les émotions destructrices, font obstacle au libre courant de
l'Energie divine et de la grâce qui guérit, em-
pêchant le libre cours de l'amour de Dieu.
Le Jourdain symbolise aussi l'entendement
mortel, l'inconscient collectif, comme dit Carl
Jung, dans lequel nous sommes tous immergés.

Naaman reçut l'ordre de se baigner sept
fois. Cela veut dire la contemplation de la
Présence de la Guérison Infinie qui est en
nous, sachant que l'Intelligence qui nous créa
nous guérit et nous rend à la perfection ;
nous sommes alors immergés dans la Sainte
Omniprésence. Nous sommes « rentrés en
Dieu » qui est en nous et qui est toute joie,
toute béatitude, toute paix et toute beauté.
En Lui il n'est ni querelles ni divisions ; nous
sommes au Ciel où tout est harmonie. En ce
lieu secret nous méditons sur la guérison parfaite jusqu'à ce que nous en obtenions une
représentation parfaite. La septième immersion représente l'état d'acceptation mentale,
la conviction absolue, elle représente aussi le
temps qui nous est nécessaire pour parvenir

à la certitude que notre prière est exaucée ;
l'esprit est alors tranquillisé et fixé sur le fait
que la guérison s'opère et que nous possédons
vraiment ce que nous désirions posséder.

En acceptant pleinement et complètement
l'idée de la santé parfaite, nous nous plon-
geons sept fois dans l'eau purificatrice et nous
ne ressentons plus le besoin ni le désir de
prier plus longtemps à ce sujet. Nous sommes satisfaits et mentalement nous parvenons
à un sentiment de certitude intérieure et d'accomplissement profond. Voilà le sens du septième jour, de la septième heure, de la septième immersion (1).

Quelle que soit votre maladie, qu'il s'agisse
de lèpre, de tuberculose, de tumeur maligne
etc, vous êtes à même de jouer le rôle de Naaman et d'être baptisé spirituellement en dé-
tournant complètement votre attention du
problème ou des conditions qui vous préoc-
cupent pour la placer uniquement et avec
amour sur votre but, votre idéal, votre objectif. Lorsque vous commencerez à sentir que
la Toute-Puissance répond à votre confiance
et à votre foi, celles-ci seront décuplées. Persévérez donc, baignez-vous mentalement dans
le saint sentiment de votre intégrité et de
votre perfection, jusqu'à ce que le jour se
lève et que les ombres fuient.

(1) Le nombre sept symbolise Dieu. (N.T.).

Parlons pour terminer de la cérémonie du baptême et de ses rites. Les parrains et marraines sont semblables au régent qui règne à la place du roi jusqu'à ce que celui-ci atteigne sa majorité. De même, l'enfant a besoin des soins spirituels et de la protection de ses parents jusqu'à ce qu'il puisse se servir de ses propres facultés spirituelles. Dans les temps anciens, le danger de mort par persécution était constant et les parents désignaient des remplaçants susceptibles de veiller au bien-être spirituel de leurs enfants dans le cas où ils subiraient, eux-mêmes, le sort du martyre. Les parrains et marraines font au nom de l'enfant profession de foi. Ce devoir incombe d'abord, bien entendu, aux parents ; mais ceux-ci ne sont les vrais gardiens spirituels de leurs enfants qu'autant qu'ils prennent vis-à-vis d'eux-mêmes l'engagement d'entourer l'enfant d'une atmosphère spirituelle, heureuse, joyeuse, divine. Lorsque le père et la mère maintiennent leurs pensées, leurs sentiments et leurs conversations sur ce qui est beau, sur ce qui élève, sur ce qui est digne, sur les choses aimables et nobles de la vie, inconsciemment l'enfant reçoit cette influence spirituelle et grandit à l'image et à la ressemblance de l'atmosphère spirituelle qui domine à son foyer. Cet enfant-là reçoit le baptême chaque jour et à chaque heure. Mais si les parents se querellent, s'ils se combattent,

s'ils s'en veulent, s'ils se complaisent à voir
l'aspect limité ou morbide de la vie alors,
bien entendu, l'enfant n'est point baptisé, en
dépit de toutes les cérémonies auxquelles on
peut le soumettre. Les parents devraient prier
ensemble pour leur enfant. Leurs pensées devraient se centrer sur l'éternel, intarissable
amour de Dieu, sur Son abondance Illimitée,
sur Son Harmonie et sur Sa paix. Ils devraient maintenir un état d'esprit plein de
l'attente du meilleur en toute chose et à l'ex-
clusion de toute autre chose. L'enfant devrait
être voué à Dieu seul et à Son expression ;
il devrait être instruit dès que possible du
fait qu'il est un enfant de Dieu et de ce que
Dieu demeure en Lui. Le foyer devrait être
considéré comme la demeure de Dieu à telle
enseigne que tous ceux qui y pénètrent se
disent en leur cœur, « Assurément Dieu est
ici. »

Pendant la cérémonie du Baptême les parrain et marraine prêtent trois fois serment
solennel de renoncer à Satan. Le prêtre dit :
« Joseph, renonces-tu à Satan ? » « Oui, j'y
renonce », répond l'enfant par le truchement
du parrain. Le prêtre continue en disant :
« Renonces-tu à ses œuvres ? » et le parrain
répond, « Oui, j'y renonce. » Une troisième
fois le prêtre demande, « Renonces-tu à ses
pompes ? » et la troisième réponse est donnée, « Oui, j'y renonce. » Satan, ou le Diable

symbolise les pensées négatives, les images mentales de toute sorte. Cela signifie que vous rejetez tout penser et toute parole destructrice en présence de l'enfant pour garder votre esprit afin qu'il soit le tabernacle du Très-Haut. Satan c'est l'adversaire, c'est-à-dire toutes les pensées adverses qui se présentent à votre esprit telles que la croyance en la maladie, la douleur, le malheur et la peur de ces choses ; tout ce qui donne pouvoir à une autre puissance, à d'autres dieux que le Seul. La peur est votre adversaire. Lorsque vous priez, vous vous détournez de la peur qui s'efforce de nous faire croire à sa puissance laquelle n'est qu'une ombre ; vous vous en détournez pour contempler la solution, la réponse à votre problème, le moyen d'en sortir. Vous accordez à cette réponse toute votre attention ; c'est alors que votre conscience s'élève et que l'esprit vous parle ; si vous demeurez dans cet état d'esprit, votre réponse vous apparaîtra. Vous avez rejeté la peur en adoptant une attitude de foi et de confiance en la Toute-Puissante Présence qui est Une et Indivisible. Vous avez rejeté Satan, c'est-à-dire la pensée ou l'image négative pour la remplacer par le but positif, ou l'idéal que vous souhaitez atteindre. Vous renoncez au Diable, à Satan, lorsque vous renoncez à la croyance en deux puissances, en deux dieux, pour placer votre foi et votre confiance dans l'Unique Puissance, la Seule Présence.

« Ecoute, O Israël : L'Eternel notre Dieu
est un. » *Deutéronome 6 : 4*. Satan c'est « l'ac-
cusateur ». Vous est-il arrivé de vous accuser,
de vous blâmer pour les erreurs que vous
avez commises ? C'est cela Satan. Renoncez
à cette attitude d'esprit destructrice. Tournez-
vous vers les choses Spirituelles et Divines,
vers quelque besogne constructive, et avancez vers la Lumière. Occupez-vous des affaires de votre Père ; vous n'aurez plus le temps
de vous lamenter ni de condamner quiconque.

« Je vis Satan tomber du ciel comme la
foudre. » *Luc 10 : 18*. Le ciel c'est votre esprit
lorsqu'il est en paix. Quand il est troublé par
l'adversaire (la pensée adverse) Satan s'y
trouve et il y a « la guerre dans le ciel. »
Comprenez que le négatif est, comme le dit
Troward, l'absence du bien, qu'il est complètement dépourvu de puissance et sans principe qui le maintienne ; seul le positif et l'af-
firmatif sont réels. Lorsque vous adoptez une
attitude mentale nettement positive, Satan
tombe du ciel (l'erreur disparaît). Il tombe
comme la foudre ce qui signifie que l'énergie
qui animait la pensée négative est complètement dissipée et détruite, tout comme fait ex-
plosion la foudre pour dissiper son énergie.

Les œuvres et la pompe auxquelles renoncent les parrains représentent toutes les es-
pèces d'erreur. La pompe représente la vanité, l'orgueil, l'inanité du monde. La pompe

c'est la vanité des vanités. A quoi sert-il de s'efforcer de jouer un rôle extérieur ? C'est ce que vous pensez et sentez à l'intérieur qui compte. Vos paroles démentent peut-être votre sentiment intérieur. Quels sont vos sentiments à l'égard d'autrui quand il est absent ? Quel accueil lui faites-vous dans votre esprit ? Voilà le critère de l'état intime de votre conscience. Sans doute les marques extérieures de la politesse sont importantes ; mais êtes-vous poli envers ceux auxquels vous pensez ? Sinon vous n'avez point renoncé à Satan. Vous êtes seul responsable de la façon dont vous pensez aux autres car vous êtes le seul penseur dans votre univers.

Revêtu d'un beau surplis blanc, emblême de pureté, et d'une étole de pourpre, insigne d'autorité spirituelle, le prêtre enjoint à l'enfant d'aimer Dieu et de garder Ses commandements. Puis il souffle doucement par trois fois sur son visage en disant, « Sors de cet enfant, esprit impur et fais place au Saint-Esprit, le paraclet. » Vous le savez, les esprits impurs sont les émotions négatives des parents. Le Saint-Esprit c'est la sagesse de Dieu. Marie conçut du Saint-Esprit, ceci symbolise la nature subjective, pleine de sagesse, d'intelligence et de la Puissance de Dieu. Nous avons tous à faire place au Saint Esprit (la sagesse) si nous voulons sortir de l'entendement mortel (le péché originel). Lorsque vous

comprenez que vous êtes ce que vous pensez
tout le jour, lorsque vous prenez conscience
de ce que vous vous attirez ce que vous ressentez profondément, que changer vos sentiments c'est changer de destinée, et que la
conscience est la seule cause, la seule puissance créatrice dans votre univers, alors vous
avez reçu le Saint-Esprit, le paraclet. Vous
êtes prêt à synchroniser harmonieusement
votre conscient et votre subconscient. A partir de maintenant, votre choix se portera uniquement sur le bien infini, Dieu.

Le prêtre fait le signe de la croix sur le
front et sur la poitrine de l'enfant, il place
un peu de sel sur sa langue et pose sa main
sur la tête du bébé. Le sel est un préservatif,
il donne aussi du goût aux aliments. Il faut
que vous goûtiez la douce saveur des vérités
de Dieu et que vous les gardiez à jamais dans
le reposoir d'un sein fidèle. Le signe de la
croix représente la traversée des ténèbres à
la lumière, du désarroi à la paix, de l'ignorance à la sagesse. Chaque fois que vous priez,
vous faites le signe de la croix, c'est-à-dire
que vous imprimez sur votre conscience votre
nouvel idéal, et cette impression devient une
expression. Vous êtes passé d'un état de limitation à un état de liberté. Votre désir
d'abondance, par exemple, peut se réaliser
en faisant le signe de croix, psychologiquement et figurativement, en adoptant un esprit

d'opulence, en vivant dans l'idée de l'abondance jusqu'à ce que vous l'imprimiez sur votre subconscient. C'est alors que votre idée, ou votre désir est passé du conscient au subconscient ; le signe est complet.

En faisant le signe de la croix, vous dites, « Au nom du Père du Fils et du Saint-Esprit, Amen. » Le nom symbolise la nature de Dieu ; le fait de reconnaître Dieu comme étant la source de tout bien. Le fils c'est votre désir. Le Saint-Esprit c'est votre sentiment d'être ce que vous aspirez à être, le sentiment de ne faire qu'un avec votre idéal. Le signe de croix est la formule parfaite de la prière ; il symbolise la reconnaissance, l'acceptation et la conviction, le fait de reconnaître Dieu comme étant source et cause de toute chose. Acceptez votre désir, avancez avec le sentiment qu'il est accompli jusqu'à ce que vous parveniez au point où vous ressentirez la paix et la conviction de l'accomplissement. Voilà le signe de croix. N'est-ce pas admirable ?

La pièce perpendiculaire de la croix représente le JE SUIS, Dieu. La pièce transverse c'est votre concept de vous-même. Quel est ce concept ? En réalité, votre concept de vous-même est celui que vous avez de Dieu ; un cercle dépend de la longueur du diamètre. Accroissez le diamètre et vous agrandissez le cercle. Agrandissez votre concept de vous-même ; prenez une idée plus élevée, plus digne de vous-même. Prenez conscience de ce que vous êtes un fils de Dieu, héritier de toute la sagesse, la vérité, la beauté de Dieu. Vivez dans une nouvelle atmosphère mentale, votre cercle de bonheur, de paix, de joie et d'abondance s'élargira et se multipliera au centuple. Votre désert se réjouira et fleurira comme la rose (1).

Le prêtre verse de l'eau par trois fois en forme de croix sur la tête de l'enfant en répétant : « Je te baptise au nom du Père et du Fils et du Saint-Esprit. » La signification cachée, ésotérique de ce rite est une explication des trois aspects de l'Esprit Universel par le pouvoir duquel toutes choses sont créées — et il n'est rien qui ne soit fait par lui. L'hydrogène et l'oxygène électrolysés donnent de l'eau. Une semence, essence créatrice, unie à la terre, donne le fruit. Partout vous retrouvez la trinité ; l'homme, son épouse et l'enfant ; l'idée, le sentiment et la manifestation, la pensée, l'émotion et ce qu'Oupensky appelait le troisième élément neutre. Pour le métaphysicien, le troisième élément c'est la paix et Dieu est paix. Lorsque le conscient et le subconscient se synchronisent, s'accordent sur l'idée ou le désir que nous entretenons, la croix est complète.

(1) *Cantiques des Cantiques*, 2 : 1.

On peut dire que le Père est notre conscient qui choisit l'idée ou le désir. La nature émotionnelle, subjective, reçoit par le truchement du sentiment profond, ce désir ou cette idée. L'élément masculin, le conscient, imprime l'idée sur l'élément féminin, le subconscient. L'expression se manifeste à l'image et à la ressemblance de l'impression. Le fils porte témoignage de son père et de sa mère (l'idée et le sentiment). C'est cela Dieu en trois personnes — le Père, le Fils et le Saint-Esprit. Pendant le baptême, le sommet de la tête est oint en forme de croix avec le saint-chrême. L'huile représente l'illumination et la guérison. Le chrême signifie celui qui est oint, le Christos. L'huile représente aussi l'union, le sentiment d'intégrité, le pacte avec Dieu. Cela veut dire que l'intellect est à présent gouverné et oint par la sagesse de Dieu. L'enfant est maintenant sanctifié et participe à l'intime sagesse de Dieu qui est de toute éternité.

On présente à l'enfant un cierge allumé. Ceci a pour objet de lui rappeler qu'il doit laisser sur les hommes briller Sa lumière afin qu'ils voient ses bonnes œuvres glorifiant ainsi son Père qui est au Ciel. Nous sommes ici pour exprimer la Sagesse, la Lumière, l'Amour, la Paix et la Beauté. Nous sommes ici pour exprimer Dieu de plus en plus. « Reçois cette Lumière et garde ton baptême afin d'être sans reproche. » Observe le commandement

de Dieu afin que, lorsque notre Seigneur viendra pour le festin de Ses noces, tu sois à même d'aller à Sa rencontre pour vivre à jamais.
Va en paix et que Dieu soit avec toi.

CHAPITRE II

LA CONFIRMATION

*APPRENEZ A FAIRE DE VOS RÊVES
DES RÉALITÉS*

Recevoir un sacrement c'est s'unir à Dieu. Il en résulte une plus grande abondance de grâces — le sentiment profond des choses spirituelles, au-delà de vains mots. Toute prière sincère est un *sacrement* car elle a pour but de vous unir à votre désir. Chaque désir, chaque idée a son parfum qui lui est propre ; en le méditant vous en extrairez une odeur, une joie entière qui vous remplira d'un profond sentiment de satisfaction. Lorsque vous vous complaisez en votre désir, lorsque vous prenez conscience qu'il est accompli, votre désir s'unit à votre sentiment. En réalité la prière est une cérémonie nuptiale comme cela nous est dit dans « Les Noces de Cana. » (1).

(1) Voir le chapitre II de mon *How to attract money.* (Non traduit. N.T.).

Lorsque la peur quitte votre conscience c'est le signal qui indique que vous participez vraiment à tous les sacrements et que vous entrez dans un état de grâce et de profonde conviction spirituelle. Jésus dit qu'une génération perverse recherche sans cesse un signe extérieur ; aucun ne lui sera donné si ce n'est le signe de Jonas. « Jonas » signifie conviction. Il faut imprégner le subconscient (la baleine) de votre désir, de votre idée, par le sentiment profond, c'est alors qu'un nouveau Jonas (un homme nouveau) sortira de la baleine (la conscience) revêtu du désir nouveau.

Toutes les histoires de la Bible, de même que tous les sacrements, ont trait aux rapports qui existent entre le principe masculin et le principe féminin en chacun de nous. Autrement dit, nos prières ont trait aux rapports harmonieux entre la nature objective de l'homme et sa nature subjective. Ayez l'audace de vous perdre dans la joie d'être ce que vous aspirez à être. On peut si bien s'identifier à son désir ou à son idéal que tout le reste s'estompe pour nous laisser seul avec notre désir accompli.

Un de mes étudiants qui suivait mes cours sur le sens profond de l'Apocalypse et sur l'Evangile selon Jean, me raconta que son jeune frère avait quitté la maison avec un de ses petits camarades. Sa mère était désespérée et l'enfant restait introuvable. Mon élève calma son esprit et, en imagination, se mit à caresser les cheveux de son petit frère, puis il l'embrassa en lui disant, « Comme nous sommes heureux que tu sois revenu. Tu aimes bien maman, n'est-ce pas ? » tout cela tranquillement, calmement et avec amour. Complètement détendu il se complut dans cette vision. Lorsqu'il ouvrit les yeux il fut, me dit-il, stupéfait de constater que son frère n'était point là, tant sa réalisation avait été naturelle et intense. Ce qui indique qu'il avait fixé subjectivement l'état dans lequel Jonas (son désir de revoir son frère) était entré dans son subconscient (le ventre de la baleine) et un nouveau Jonas surgissait. Le jeune frère rentra au bercail le lendemain ; il dit qu'étant allé jusqu'à Phoenix, en Arizona, il fut soudain saisi du désir de rentrer auprès de sa mère. La sagesse subjective avait agi sur son conscient et l'avait incité à rentrer.

Vous recevez le sacrement de confirmation lorsque vous ressentez la paix, lorsque vous cessez de lutter ; le sentiment de ne plus aspirer à ce que vous souhaitiez parce que subjectivement vous sentez que votre prière est exaucée. Lorsque vous parvenez à imprimer complètement votre désir sur votre subconscient, il s'ensuit toujours un état de détente et de paix. Lorsque l'acte créateur spirituel est terminé, vous vous écriez : « Tout est accompli ! » Vous êtes parvenu à atteindre un niveau subjectif de conscience. Vous êtes mort sur la croix, c'est-à-dire que vous avez quitté votre ancien état d'esprit pour accéder à un nouvel état — votre prière est exaucée.

Toute prière exaucée est un processus de crucifixion. Je ne sais pourquoi nous ne regardons pas les choses en face ; enseignons donc toute la vérité et débarrassons nous de toute superstition en ce qui concerne la crucifixion et la résurrection. Dans le chapitre qui traite de la « Sainte Communion » nous verrons que pour Jésus le pain était une idée, un concept et non point une forme concrète. Nous étudierons aussi la chimie de l'alimentation — sa signification intérieure et ses portées miraculeuses. Mangez ce que vous voulez, ce qui vous est salutaire, ce qui vous fait plaisir. Prenez garde de devenir un maniaque ; les carottes, les bananes ou les raisins ne feront point de vous un saint. La signification profonde du sacrement de confirmation c'est la foi absolue en l'Unique Dieu sans aucune restriction mentale. Etes-vous sûr de n'attendre votre ciel, votre bonheur sur cette terre que de cette Source unique ? Etes-vous sûr de bien comprendre toute la puissance de la conscience ? Lorsque vous pourrez répondre « oui » à ces questions, vous serez vraiment confirmé.

La confirmation est le signe extérieur de l'état de grâce intérieur désiré — le sentiment de la réalité des valeurs spirituelles. L'Eglise dit de la confirmation qu'elle fait de vous un chrétien fort et parfait. Par chrétien il faut entendre celui qui se sert constructivement du principe de vie. Il ne s'agit point de croyances ou de personnalités. Le signe extérieur de la confirmation c'est l'imposition des mains par l'évêque, puis l'onction et la récitation de certaines prières. Mais le véritable sacrement c'est l'état de grâce intérieur. L'église trouve l'origine du sacrement de la confirmation dans les *Actes des Apôtres.* « Ils leur imposèrent les mains, et ils reçurent le Saint Esprit. » *Actes 8 : 17.* « Les apôtres qui étaient à Jérusalem ayant appris que la Samarie avait accueilli la parole de Dieu, y envoyèrent Pierre et Jean. Ceux-ci, s'y étant rendus, prièrent pour que les Samaritains reçussent l'Esprit Saint. » *Actes 8 : 14, 15.*

Les Actes des Apôtres ont sans doute des bases historiques mais on y trouvera une riche nourriture spirituelle en s'efforçant de discerner un état de conscience, négatif ou positif, dans le nom d'un personnage, d'une ville, ou d'un pays. Lorsque, par exemple, la Bible parle de la mort de Saül, cela signifie la mort de l'homme sensuel, impur, la mort à cet état de conscience et la naissance de Paul (qui signifie « petit Christ »). Autrement dit, vous êtes, vous, le lecteur de ce livre, Paul ; c'est-à-dire que votre intellect est illu-

miné par une lumière intérieure et que vous
savez que votre JE SUIS est Dieu, (la vie) en
vous. Cette conscience est la présence même de Dieu. La mort et la vie sont sans cesse
présentes dans votre esprit. Paul dit : « Je
meurs chaque jour », entendant par là qu'il
mourait constamment aux faux concepts, aux
idées négatives, et que sans cesse il ressuscitait à la sagesse, à la vérité et à la beauté de
Dieu. Rien ne peut « naître » sans que quel-
chose ne « meure ». Voilà pourquoi le drame
de la crucifixion se renouvelle sans cesse.
Sans cesse nous surmontons nos états d'esprit. Pierre (la foi en Dieu) et Jean (l'amour de
Dieu) prièrent afin que les samaritains puissent recevoir le Saint-Esprit. Ces qualités sont
en vous, et lorsque la foi et l'amour s'allient,
vous entrez vraiment dans le Temple Merveilleux (la haute conscience spirituelle) à travers les Belles Portes (le conscient).

C'est par la foi que vous devenez fort. « La
foi », c'est marcher dans une seule direction,
croyant à une unique puissance — la puissance spirituelle intérieure. La foi c'est aimer Dieu au point de se sentir uni à Lui,
c'est donner à la puissance spirituelle votre
fidélité suprême, votre dévouement, votre
loyauté. C'est n'être qu'à Dieu. Le sacrement
de confirmation signifie que vous êtes absolument convaincu qu'il n'y a qu'une puissance et une cause — votre propre conscien-

ce. Vous avez cessé d'accorder de la puissance aux étoiles, au temps, aux personnes, aux
microbes, aux entités, aux puissances extérieures. La confirmation se passe dans votre
esprit et dans votre cœur — c'est un processus psychologique qui n'a rien à voir avec
des rites extérieurs et des cérémonies. Une
fois pour toutes vous êtes éveillé et vous avez
pris une décision concrète, définie. Vous avez
tracé votre destinée future. Vous savez où
vous allez ; vous n'êtes plus perdu sur l'océan
de la vie. Vous avancez à présent, les yeux
fixés sur la Lumière. Voici un critère qui
vous permettra de savoir si vous êtes parvenu à ce degré de conscience qu'est la confirmation. Si vous priez pour obtenir la guérison tout en pensant, « Je ne puis guérir », ou
bien « Je suis incurable », vous vous identifiez à d'autres pouvoirs qu'à celui de l'Unique ; vous les reconnaissez. Vous reniez le
seul vrai Dieu. S'il existe dans votre esprit la
moindre opposition à l'Unique Puissance ;
vous n'êtes point encore parvenu à ce niveau
de conscience qui s'appelle la confirmation.
Dire, « Je ne puis joindre les deux bouts »,
« Cette situation est inextricable », « Il n'y a
rien à faire à cela », « Il est incurable »,
« Je vais tout perdre », « Je n'ai pas de chan-
ce », ou quoi que ce soit de semblable, c'est
s'unir mentalement et émotionnellement à ce
qui est négatif. Dans ce cas vous n'êtes point

loyal, dévoué à l'UNIQUE PUISSANCE, votre propre JE SUIS. Si vous aviez vraiment la foi vous ne vous uniriez pas mentalement à ces faux concepts. C'est cela l'idolâtrie et la Bible l'appelle l'adultère. En terminologie biblique idolâtrie et adultère sont synonymes. Adorer c'est accorder son attention, c'est exalter, c'est estimer digne d'amour et de dévouement.

Voici un exemple de ce qu'est la véritable confirmation : Pendant mon séjour au Japon l'année dernière, je m'entretins avec un jeune Japonais. Il me raconta qu'ayant été injustement accusé, il avait été condamné à être fusillé. Ceci se passait pendant la guerre. Ce jeune homme fit appel à Pierre (la foi en Dieu) et à Jean (l'amour du seul vrai Dieu, l'union avec Lui — l'unique présence) et il se dit hardiment, « Je ne puis être fusillé. Je suis un fils de Dieu. Dieu ne peut pas Se fusiller ». Il se répétait sans cesse les paroles du 91e Psaume. Il les inscrivit dans son cœur, prenant conscience de l'unique puissance. Il fut relâché sans explications et renvoyé à son corps.

La Bible parle de « l'ange du Seigneur » (l'intense conviction de la puissance de Dieu) qui vient à l'homme la nuit (dans la profonde méditation sur Dieu et sur Ses lois) et qui ouvre les portes de sa prison (transformant sa vie et son état physique et le libérant des

conditions qui en faisaient un prisonnier).
Lorsque nous sommes enclins à hésiter, à dou-
ter, quand nous nous trouvons devant une
situation difficile, demandons-nous « Quelle
est ma foi ? qu'est-ce que la vérité, en quoi
ai-je confiance ? ». La réponse se répandra
sur notre esprit comme la rosée du Ciel et
nous sentirons que notre foi et notre confiance sont en Dieu — tout puissant et capable de
nous sauver comme le fit la foi du jeune Ja-
jonais qui savait qu'il ne pouvait être fusillé. A chaque instant votre connaissance de
la vérité est mise à l'épreuve. N'y a-t-il pas
dans votre vie des heures au cours desquel-
les vous craignez que toute cette métaphysique ne soit que vaine dialectique, que sophis-
mes ? Mais l'état d'esprit de Job vient à votre aide et tel Josué vous vous affermissez
dans la conscience du JE SUIS, vous reposant
sur Dieu et sur Sa loi. Cet état d'esprit commande au soleil (le conscient) de se tenir
tranquille pour « voir le salut de l'Éternel »,
c'est-à-dire la solution qui va vous donner la
sagesse subjective tandis que nous lui en faisons la requête, en nous en remettant impli-
citement à elle.

« Qui dites-vous que je suis ? » Que répon-
drez-vous à ceci ? Pourquoi ne pas dire la
vérité et répondre comme le Maître : « Je
suis un fils du Dieu vivant ». Le monde ne
vous donnera jamais que la valeur que vous

vous donnerez vous-même et c'est en vous-
même qu'il faut trouver la Présence cachée
de la divinité. Il faut, lorsque nous considé-
rons les sacrements, éviter toute déification
des personnalités .» Jésus dit, « Pourquoi
m'appelles-tu bon ? — seul le Père est bon —
C'est lui qui fait les œuvres ». Il y a dans
la Bible beaucoup d'allégories mais elles ne
s'opposent pas nécessairement aux faits, aux
événements géographiques et historiques.
Toutes les cités telles que Paris, Londres,
New-York, Le Caire, etc, ont une personnalité, une qualité qui leur sont propres. Chaque ville a une atmosphère subjective créée
par l'état mental de ses habitants. Il en est
de même des personnages tels que Jésus,
Paul, Moïse, Esaïe, Jeanne d'Arc, Descartes,
qui laissèrent leur empreinte sur la destinée
humaine. Autrement dit, l'allégorie ne dé-
truit point l'histoire, elle sert à l'enrichir.

Vous savez que les dramaturges font dire
aux personnes illustres ce qui est nécessaire
au succès de leurs pièces. Les personnages de
la Bible ont réellement vécu, et ceux qui l'é-
crivirent créèrent autour d'eux une aura de
vérité, les représentant comme les résultats
de certains états de conscience. De sorte que
tous les récits de la Bible vous représentent,
vous et tous les hommes.

Dans le sacrement de la confirmation vous
devez être le témoin de la réalité, c'est-à-dire

que vous devez refléter la beauté cachée de
Dieu. C'est alors que vous pourrez déclarer
avec Jésus : « Celui qui me voit, voit aussi
le Père ». Vous êtes fermement convaincu
d'une seule puissance et vous dites « non » à
toute autre chose. Lorsque au véritable sens
psychologique vous recevez la confirmation,
vous en avez complètement terminé avec toute religion superficielle, rituelle, avec la vaine
dialectique et la sémantique religieuses qui
ne vous conduiraient jamais à rien. La vaine
répétition de ces paroles ; « Jésus Christ »,
« le sang de l'agneau », et « la croix du
Christ », etc., ne vous servira de rien si vous
n'en possédez point le sens. Les croyances, les
rites extérieurs communément associés à ces
paroles ne représentent que superstitions et
non-sens.

Avant la confirmation il faut recevoir le
baptême, ce qui signifie qu'avant la naissance de Jésus (votre conscience de Dieu, du JE
SUIS en vous) vous étiez semblables à Jean
qui baptisait avec l'eau. Jean le Baptiste portait une ceinture de cuir (qui représente la
nécessité de discipliner les émotions) et il
mangeait du miel et des sauterelles ; il abattait les arbres à la hache (les fausses croyances religieuses). Il vous représente, au moment où vous vous êtes détourné des fausses
croyances. Tout d'abord vous vous êtes senti
un pionnier, prêchant avec grande ferveur et

grand zèle. Nous passons tous par cet état
prétentieux ; au bout d'un certain temps, nous
nous calmons et nous nous mettons à prêcher
celui qui en a le plus besoin — nous-même.

Si vous voulez prier efficacement pour quelqu'un, tournez entièrement votre esprit vers
Dieu. Ensuite contemplez la solution, la réponse à son problème. Faites ceci fréquemment, jusqu'à ce que vous arriviez à en être
convaincu. Cela est symbolisé par Jésus dans
les Écritures. C'est cela « celui qui doit venir », c'est-à-dire la manifestation de votre
idéal. Jésus et Josué ont une signification
identique et veulent dire que Dieu est le sauveur, l'émancipateur. Jésus représente aussi
la Vérité qui, lorsqu'elle s'élève dans la con-
cience de l'homme, se manifeste par des actes qui sont le résultat de la descente du Saint
(sain) Esprit.

Au cours de la confirmation vous recevez
le Saint-Esprit, ce qui signifie que votre foi
n'est plus une foi aveugle, mais une foi vivante, dynamique et vibrante dans la puissance
et dans la Sagesse de Dieu qui vous habite.
Lorsque votre intellect est convaincu de l'idée
merveilleuse que vous êtes un fils de Dieu,
l'héritier de toutes Ses richesses, que vous en
ressentez la vérité à travers votre être tout
entier, le Saint-Esprit (l'esprit d'union avec
Dieu) descend sur vous dans toute Sa puissance et toute Sa majesté ; et Jean-Baptiste,

(le conscient, le raisonnement, l'intellect) n'a plus de raison d'être. Votre confirmation est complète ; votre conviction de la présence de Dieu s'empare complètement de vous et vous conduit dans le Saint des Saints, au centre de votre être.

Après la confirmation on vous annonce que vous êtes un soldat du Christ. Qu'entend-on par là ? Que vous devez être loyal envers la vérité et envers les lois de Dieu : l'amour, l'ordre, la beauté et la mesure. Cela veut dire que vous devez refuser d'entretenir des idées étrangères et contraires à votre but de soldat de Celui qui Est à Jamais. Vous êtes le soldat de Dieu lorsque vous obéissez aux ordres que vous avez reçus. Vous apprenez que vous pouvez surmonter tous les problèmes par la prière, que le principe qui demeure en vous vous élèvera au-dessus de toutes les difficultés, vous portera sur la route de la libération et de la paix de l'esprit. De plus, vous savez et vous croyez qu'il existe une manière scientifique de prier qui donne les résultats souhaités. Sachant cela, vous avez tourné la page ; vous êtes sur le chemin de la victoire en toutes choses. En bon et loyal soldat vous serez toujours fidèle à la foi en Dieu. Vous savez que la partie subjective de votre esprit répond à votre façon de penser, par conséquent vous vous surveillez attentivement afin de n'admettre que les concepts, les idées de

Dieu. Tel une sentinelle vous gardez l'entrée de votre esprit, refusant absolument la permission d'entrée à tout état d'âme négatif. Vous êtes toujours de garde, vous n'êtes jamais relevé ; de jour et de nuit vous êtes sous les armes, prêt à résister à tout agresseur.

Pour recevoir la confirmation dans une église il faut connaître les principales vérités de votre religion. Ce qui, psychologiquement parlant, veut dire que vous devez savoir comment fonctionnent votre conscient et votre subconscient. Jusqu'à la fin du dixième siècle il était d'usage de confirmer les enfants tout de suite après le baptême. Cet usage fut supprimé parce que l'on jugea que celui qui recevait le sacrement de la confirmation devait connaître sa religion. La raison pour laquelle il faut être baptisé avant d'être confirmé est simplement celle-ci : « La Sagesse ne peut entrer dans une âme malveillante ». *Sagesse de Salomon.* (Les Apocryphes) I : 4. Il faut nettoyer, il faut laver l'esprit des fausses croyances, des concepts erronés, pour pouvoir recevoir la sagesse, c'est-à-dire la vraie connaissance de Dieu. La vraie connaissance de Dieu c'est la confirmation. Au moment de la confirmation, il est d'usage d'ajouter un prénom à ceux du baptême, c'est généralement le nom d'un saint. Nom signifie nature, et l'adjonction d'un nom nouveau signifie l'entrée dans un nouvel état de conscience.

Le nom que vous prenez est supposé vous servir de modèle et de protection ; vous connaissez l'expression : « Il a une heureuse nature », ce qui veut dire d'un individu qu'il s'est approprié la conscience du bonheur. Il a pris l'habitude d'être heureux, son imagination, son penser sont constructifs ; il exprime le bonheur. « Tout ce que vous demanderez en mon nom » signifie qu'en pénétrant dans l'état de conscience victorieux, triomphant, vous recevrez ce que vous souhaitez. Lorsque' vous dites que votre nom est Marie Durand, cela vous décrit parfaitement, indique vos caractéristiques, votre caractère, le fait que vous êtes une femme, votre âge, votre nationalité, votre éducation, votre taille, votre rang social, votre situation pécuniaire ; tout ce qui vous concerne. Autrement dit votre nom vous identifie complètement. Le nom nouveau que vous recevez à la confirmation représente, par conséquent, un nouvel état de conscience, une connaissance plus approfondie de la Vérité ; une compréhension plus grande que celle que représente votre nom de baptême. Tout ceci, bien entendu, échappe en général au candidat à la confirmation ; pour lui c'est une cérémonie à laquelle il ne comprend pas grand-chose. L'évêque, au cours de ce beau rite, dit au candidat : « Que le Saint-Esprit (le sentiment de notre union avec Dieu) descende sur vous

et que la puissance du Trés-haut vous garde
du péché. Amen ». Le mot « amen » signifie
l'accord du conscient et du subconscient, c'est
la prière exaucée. S'il existe dans votre subconscient le moindre doute en ce qui concerne la vérité de ce que vous affirmez cons-
ciemment, il n'y a point de vrai « amen ».
Persévérez et l'accord se fera. L'évêque prie
afin que la sagesse, la compréhension, la direction, la force d'âme et la connaissance de
la Sainteté soient données à tous ceux qu'il
confirme. Ayant pris place sur les marches
de l'autel, il trempe le pouce de sa main
droite dans le saint-chrême, c'est-à-dire l'huile, le baume, pose sa main sur la tête de l'enfant et trace avec le pouce le signe de la
croix sur son front en disant : « Je te signe
du signe de la croix et je te confirme avec
le chrême du salut au nom du Père, du Fils,
et du Saint-Esprit ». Puis il frappe doucement l'enfant sur la joue en disant : « La
paix soit avec toi ». La tape sur la joue rap-
pelle au confirmé qu'il doit être patient, sachant qu'il trouvera sa force dans la paix et
dans la confiance. L'huile parfumée dont on
se sert pour la confirmation est celle qui est
consacrée le Jeudi Saint. Le Jeudi Saint pré-
cède le Vendredi Saint, le jour de la manifestation de l'amour de Dieu, c'est-à-dire
qu'il représente le moment où vous ne faites plus qu'un avec votre prière, votre idéal.

C'est alors que vous mourez à l'ancien état d'esprit et ressuscitez à un nouvel état de conscience. L'huile Sainte est consacrée le Jeudi Saint et elle est purement symbolique. Le Jeudi Saint signifie un état élevé de conscience, un état de paix et d'amour. Lorsque vous parvenez à vous unir complètement à votre désir, un sentiment de paix s'empare de vous ; l'acte d'amour spirituel et mental s'accomplit, symbolisant le rite du Jeudi et du Vendredi Saint. Le vieil homme est mort. L'état nouveau, subjectif est prêt pour la résurrection. Tout ceci est un processus de prière. Le signe de la croix tracé avec l'huile signifie donc que vous avez fait le pas vers un état de conscience plus élevé. Le front symbolise le siège de la connaissance et de la compréhension ; l'huile, une plus grande lumière, une sagesse plus haute. Le tracé perpendiculaire de la croix signifie Dieu — JE SUIS, la conscience universelle, l'Éternel qui nous habite tous. Le tracé transversal de la croix représente votre conception, votre appréciation de vous-même. Votre concept de vous-même est votre concept de Dieu et détermine toute votre vie. La pièce transverse de la croix représente aussi le temps et l'espace ; le passé, le présent et le futur. Il n'y a point de croissance dans le temps ; ne dites pas que les choses iront mieux l'année prochaine ou dans cinq ans. Votre état, vos finances, vo-

tre expérience ne s'amélioreront point jusqu'à ce que vous soyez parvenu à un état de
conscience plus élevé représenté par la pièce
perpendiculaire de la croix qui symbolise ce
qui est hors du temps et de l'espace. Votre
développement, votre avancement spirituel
n'ont rien à voir avec le temps ni avec l'espace. Élevez votre conscience par la contemplation des qualités et des attributs de Dieu,
et vous deviendrez ce que vous contemplez.
C'est alors que pour vous la pièce transverse
de la croix s'élèvera sur la perpendiculaire.
Autrement dit, vous avez accédé à un niveau
de conscience plus haut. Voilà la signification du signe de la croix tracé sur votre front
avec l'huile sainte.

Vous entendez bien que vous ne vous élevez à un état plus haut de conscience que
lorsque vous commencez à vous transformer
par la prière quotidienne et la méditation. Ce
nouvel état ne vous est pas conféré par autrui. La cérémonie, le rite extérieur, bien
qu'ils soient pleins de beauté et d'inspiration,
peuvent bien provoquer une réaction émotionnelle heureuse, pleine de joie, mais le
seul changement réel, le seul changement qui
compte, c'est le changement profond, celui du
cœur, par lequel l'homme devient un homme
nouveau de toutes les façons.

Le « chrême du salut » signifie que le
chrême, l'huile parfumée, représente votre

solution. Le salut c'est la solution. Le Saint chrême est le symbole de l'amour et de la sagesse qui résolvent tous les problèmes. La sagesse c'est la pensée juste, l'amour, l'attachement profond à cette pensée juste, à l'idée, au but, au dessein. Voilà tout ce qu'il symbolise et il n'a jamais signifié autre chose. Tous ces rites, toutes ces cérémonies, l'onction avec l'huile, le signe de la croix, se rapportent aux transformations psychologiques par lesquelles l'homme passe ; ou, si nous nous servons du langage biblique, à la descente du Saint-Esprit.

« L'esprit du Seigneur est sur moi, parce qu'il m'a oint pour annoncer l'évangile aux pauvres : il m'a envoyé pour annoncer la délivrance aux captifs, et aux aveugles, le recouvrement de la vue ; pour renvoyer en liberté les opprimés. » *Luc 4 : 18* « Aujourd'hui est accomplie cette parole de l'Écriture que vous venez d'entendre » *Luc 4 : 21*. Jésus nous dit ici que Dieu, ou notre bien, est éternel maintenant. A l'instant même vous pouvez revendiquer votre bien ; la paix, l'harmonie, la santé, votre vraie place, et l'esprit du Seigneur sur vous, ce qui veut dire votre foi, votre confiance dans une puissance Souveraine qui ne faillit jamais. Ce sentiment de confiance, d'abandon en la Puissance spirituelle prend possession de votre esprit et de votre cœur, vous élève, enflamme votre ima-

gination et accroît votre foi, ce qui vous permet d'accomplir votre désir immédiatement,
aujourd'hui même.

C'est aujourd'hui le jour du Salut. J'en-
tends certains me dire, « Plus tard je serai
heureux », ou bien « Plus tard je serai guéri ». Le principe de toute guérison est en vous,
servez-vous en ce moment même. Pourquoi
dire : « Un de ces jours je payerai toutes
mes dettes ». Entrez en vous-même et dé-
déclarez que l'Esprit de toute opulence se
manifeste immédiatement, dans toutes vos affaires. Croyez-le, acceptez-le et vous verrez
l'action puissante de Dieu se manifester. Ne
remettez pas à plus tard votre bonheur :
choisissez-le dès maintenant. Le bonheur est
une habitude, prenez celle d'être heureux en
choisissant tout le jour des pensées, des images mentales saines, constructives, joyeuses
et pleines d'amour. La paix de Dieu est intérieure. Pourquoi dire : « Un de ces jours
j'aurai la paix ». Mettez-vous au diapason
du Dieu de paix et annoncez dans le temple
de votre propre conscience la présence de la
paix, de la santé, du bonheur et de l'abondance. Ils vous attendent. Vous les prenez en
vous servant de la loi de la Vie et cette loi
c'est « Je suis ce que je contemple ». Troward
dit, « Toutes choses sont faites par la contemplation de soi de l'esprit ». Vous êtes ce
que vous vous sentez être. Le sentiment de la

richesse produit la richesse immédiate, le sentiment de la force produit la force, le sentiment de la santé, la santé. Tout ce à quoi vous vous identifiez mentalement, tout ce que vous acceptez comme étant vrai devient une réalité dans votre univers, et vous avez alors trouvé votre sauveur dans le temple de votre propre conscience. Ouvrez dès aujourd'hui la porte vers une nouvelle vie. Pourquoi remettre votre expérience de Dieu ? Dieu est l'Éternel maintenant. » Aujourd'hui est accomplie cette parole de l'Écriture que vous venez d'entendre. »

« Tout à coup arriva du ciel un bruit semblable à celui d'un violent coup de vent, qui remplit toute la maison où ils étaient. En même temps, ils virent comme des langues de feu qui se divisèrent et se posèrent sur chacun d'eux ; ils furent tous remplis du Saint-Esprit, et se mirent à parler en langues étrangères, selon ce que l'esprit leur donnait de s'exprimer. » *Actes 2 : 2, 3, 4.* Lorsque vous sentez subjectivement que ce que votre raison et vos sens nient est vrai, vous êtes rempli du Saint-Esprit, ce qui veut dire que vous êtes parvenu à l'unité. Votre esprit n'est plus divisé ; vous ne faites plus qu'un avec votre désir. Vous parlez à présent une langue étrangère, c'est-à-dire que vous faites une nouvelle affirmation, une nouvelle réalisation. Vous parlez une langue nouvelle

lorsque vous êtes heureux, joyeux, plein d'a-
mour et de bonne volonté. Le mot « langue »
signifie votre état d'esprit, votre ton, votre
sentiment, votre attitude mentale.

La Bible dit : « Ces hommes sont pleins
de vin nouveau ». *Actes 2 : 13*. Ce qui signifie que vous êtes tout rempli du sentiment d'ê-
tre ce que vous aspirez à être. Vous pouvez
commencer tout de suite à parler une nouvelle langue. Si vous avez du ressentiment contre quiconque, étendez sur lui l'esprit de pardon, d'amour et de bonne volonté. Priez pour
lui. Bénissez-le. Vous parlez une langue nouvelle — la langue de Dieu.

Dans quelle langue Dieu parle-t-il ? Ce n'est
ni en Hébreu, ni en Grec, ni en Français. Le
langage de Dieu est parfois décrit comme étant
celui de la douce petite voix, la voix de l'intuition qui vous enseigne, du dedans. Le langage de Dieu c'est aussi l'état d'esprit qui
exprime l'amour, la joie, la beauté et la paix.
Le développement intérieur de la puissance
spirituelle, c'est le don des langues. Les langues de feu représentent l'intelligence de Dieu
pénétrant votre esprit. Le bruit qui vient du
ciel est celui de votre prière exaucée. Le vent
puissant symbolise la vague de paix qui se
répand dans votre esprit lorsque vous faites
l'expérience de la prière qui reçoit un exaucement. Vous lisez dans le second chapitre
des *Actes des Apôtres* : « Le jour de la Pen-

tecôte ils étaient tous rassemblés dans un même lieu ». *Actes 2 : 1.*

Revivons en nous-même ce drame. Le jour de la Pentecôte veut dire le jour du festin. La prière est un festin au cours duquel vous festoyez sur votre idéal jusqu'à ne plus faire qu'un avec lui. Un de nos étudiants s'entendit dire par le professeur de son fils, que l'enfant était un cancre et qu'il fallait l'envoyer dans une école spéciale. Au lieu de s'en inquiéter, ce père se mit à entendre, mentalement, le contraire et à s'en réjouir profondément. Tous les soirs il imaginait son fils lui montrant son carnet de classe et lui disant : « Papa, je n'ai que des 10 », et il continua jusqu'à en avoir la plus ferme conviction. La Pentecôte symbolise que l'idée sur laquelle vous méditez porte ses fruits. C'est exactement ce qui arriva à ce père ; sa prière fit surgir dans l'esprit de son fils l'Intelligence et la Sagesse de Dieu et il donna à son père ce que celui-ci attendait de lui. « Ils étaient tous assemblés dans le même lieu. » Ce qui veut dire que vous devez vous détendre, calmer les rouages de votre esprit, et concentrer toutes vos facultés, toutes vos forces-pensées sur la Puissance Spirituelle qui vous habite. Ce faisant, vous sentirez la joie qui envahit celui qui boit du vin. Vous êtes « rempli de vin nouveau ».

En occupant ainsi votre esprit, vous parviendrez à faire de votre idéal une réalité vivante. L'homme qui était indigent et qui est à présent dans l'opulence, parle une langue nouvelle. Celui dont l'arthrite avait fait un infirme et qui maintenant marche, parle et proclame au monde entier la langue nouvelle de la santé, de la foi en Dieu et de Sa présence curative. Il a reçu le Saint-Esprit (l'esprit entier) le sentiment de son intégrité, de la santé et de la paix de l'esprit. La Bible dit que Moïse « versa l'huile de l'onction sur la tête d'Aaron, il l'oignit et le consacra ». *Lévitique VIII : 12.* L'huile de l'onction contenait des aromates mélangés aux huiles de myrrhe, de cannelle et de cassier. Moïse représente la sagesse subjective et l'intelligence du conscient, l'huile de l'onction, la sagesse de Dieu illuminant l'intellect de l'homme ; on dit alors qu'il est oint et consacré. Verser l'huile est une expression figurative, une métaphore ; c'est le langage de la Bible dont le sens psychologique doit être dégagé pour être convenablement compris.

Le mot Messie est une transcription du mot Hébreu *Messiat.* Le mot *Christos,* la traduction en grec du même terme qui veut dire *oint.* Dans les ouvrages théologiques vous trouverez des termes comme ceux-ci : le chrême du salut, le chrême de l'onction spirituelle, le parfum de la perfection. Tous veulent dire la même chose, c'est-à-dire : la raison illuminée. L'huile dont on se sert pour préparer le saint Chrême est celle de l'olive qui symbolise la bonne humeur et la gratitude. « Qu'il est agréable, qu'il est doux pour des frères de demeurer ensemble ! C'est comme l'huile précieuse qui, répandue sur la tête, descend sur la barbe d'Aaron. » *Psaume 133 : 1, 2.* L'huile et les parfums réjouissent le cœur comme la douceur d'un ami. » *Proverbes 27 : 9.*

Des choses extérieures telles que l'huile, le chrême, le parfum, etc, servent à représenter la grâce, la beauté et l'amour de Dieu s'exprimant à travers l'esprit et le cœur de l'homme. Sans doute avez-vous remarqué l'odeur qui se dégage d'un jardin après la pluie. Vous connaissez le doux parfum de la rose et vous avez sans doute respiré l'air salé de l'océan. N'est-ce point aussi par le sens olfactif que nous communiquons avec la beauté du monde qui nous entoure ? De même devons-nous respirer le parfum de la Divinité en méditant sur tout ce qui est vrai, beau et de bon aloi. Pas plus que vous ne pouvez réprimer le parfum d'une rose, vous ne pouvez réprimer la joie qui vous inonde lorsque votre prière est exaucée. « Comme ton amour vaut mieux que le vin, et combien tes parfums sont plus suaves que tous les aromates ! Tes lèvres distillent le miel ma fiancée. Il y a sous ta langue du miel et du lait, et l'odeur de tes vêtements est comme l'odeur du Liban. » *Cantique des cantiques 4 : 10-11.*

Ici l'écrivain inspiré vous enseigne à prier et il vous dit que cela est semblable à la cour qu'un amoureux fait à une femme aimée. Oui, lorsque vous priez cela doit être comme une idylle entre vous et Dieu, ou le bien que vous souhaitez. Louez votre désir, votre but, exaltez-le, flattez-le, embrassez-le, aimez-le et ressentez le frémissement de cette merveille. Qu'elle vous enflamme et captive votre imagination ; soyez-en transporté d'allégresse, exprimez-en tout le parfum. Tandis que vous méditez sur la réalité de votre désir, ressentant combien son accomplissement est chose naturelle, vous en sécrétez le parfum et vous entrez dans la joie de la prière exaucée. C'est alors que vous êtes confirmé et convaincu de cette loi.

Cette connaissance est semblable à un sachet de myrrhe, de cassier, de safran et de cannelle porté tout près de votre cœur, et vous tirez du trésor de l'éternité la douce fragrance et le parfum de la Divinité, maintenant et à jamais.

CHAPITRE III

LE SACREMENT DE PÉNITENCE

APPRENEZ A VOUS PARDONNER ET VIVEZ UNE VIE ENCHANTÉE

L'Église dit, au sujet de la pénitence, qu'elle est le paiement fait à Dieu pour nos péchés et pour nos offenses. On enseigne que la confession enlève la culpabilité du péché et la puniton éternelle qu'il mérite, mais non point la punition temporelle.

Le but de la confession est le pardon des péchés. Le prêtre, en donnant l'absolution, dit : « Je t'absous de tes péchés, au nom du Père et du Fils et du Saint-Esprit ». Et, en manière de pénitence, il impose en général à celui qui se confesse, la récitation de certaines prières un certain nombre de fois. Ces prières représentent une punition officielle. On enseigne en outre que la contrition est nécessaire à la confession. Autrement dit, l'Ame doit se repentir dans la douleur d'avoir offensé Dieu.

Tout ce qui est vrai se démontre. L'Église Catholique Romaine dit « Le pouvoir de pardonner les péchés est basé sur les paroles de Jésus à Ses disciples : « Recevez le Saint-Esprit ». A ceux auxquels vous remettrez leurs péchés, ils seront remis ; à ceux auxquels vous les retiendrez, il seront retenus. » *Jean 20-22-23.*

Voyons l'explication de ceci dans le langage courant. Le mot péché (en anglais « Sin » N.T) vient du grec et signifie manquer son but. Lorsque les Archers grecs ne faisaient pas mouche sur la cible on disait qu'ils avaient péché. Votre but, votre idéal, votre désir, votre objectif est la cible que vous visez. Pécher c'est ne pas réussir à l'atteindre. Vous péchez vraiment lorsque vous ne parvenez pas à mener une vie heureuse et fructueuse.

Un prêtre, dans la Bible, est celui qui offre un Sacrifice et ce prêtre c'est vous. Vous êtes le prêtre et le sacrifice que vous offrez est votre désir ; ce désir vous l'offrez au subconcient tout comme un fermier donne à la terre une semence. Voilà pourquoi la signification ésotérique du mot « prêtre » est le subconscient, l'intuition, le sentiment. Lorsque vous sentez que vous êtes ce à quoi vous aspirez et que vous vous reposez dans cette conviction, vous êtes le prêtre qui offre un sacrifice et vous vous pardonnez du péché de n'avoir pas atteint votre but.

Je veux vous compter l'histoire d'une jeune fille du Nebroska qui travaillait dans un bureau à Los Angelès. Elle était timide et toute marquée par un complexe d'infériorité ; aucun garçon ne lui faisait la cour. Cette jeune fille désirait vivement se marier, avoir un foyer, aimer et être aimée. Je lui expliquai comment elle devait se pardonner ses péchés car, au sens vrai du mot, elle péchait parce qu'elle ne réalisait pas ses désirs. En fait, par son attitude mentale, elle repoussait son bien. Cette jeune personne se mit à changer d'attitude ; elle se mit à penser qu'elle était désirée, aimée et admirée. Elle acheta un agenda et y inscrivit des « rendez-vous » avec des admirateurs fictifs, puis elle imagina qu'elle était si courtisée qu'elle était en mesure de dire « non », après avoir consulté son carnet. Tout ceci se passait dans son imagination, le soir et à plusieurs reprises dans la journée. Elle ne tarda pas à être très recherchée par les jeunes gens et décida de se marier. Elle rendit grâces de ce que l'Intelligence Infinie lui attirait le compagnon idéal en parfaite harmonie avec elle. Le soir en s'endormant elle imaginait l'anneau à son doigt et elle fixait cette image sur sa conscience par le sentiment que l'anneau était parfaitement naturel, solide et tangible. De plus, elle déclarait que la présence de cet anneau lui indiquait que le mariage était déjà consommé et qu'elle se reposait sur le fait accompli. Elle s'attira ainsi un homme en tous points remarquable et contracta une union parfaitement harmonieuse. Elle s'était pardonné son péché.

Le mot pardonner (en anglais « forgive ») veut dire donner pour « give for » (N.T.). Cette jeune fille se donna l'état d'esprit du désir accompli, remplaçant ainsi le sentiment de dénuement et de limitation. Elle atteignit son objectif. Elle fit la réalisation de son but dans la vie et cessa ainsi de pécher.

En lisant ce chapitre commencez à prendre conscience de ce que vous avez le pouvoir de vous pardonner tous vos péchés, toutes vos erreurs, toutes vos faiblesses, quels qu'ils soient, en mettant votre foi dans la loi qui ne manque jamais de répondre à votre pensée et à votre sentiment. Que votre perception, votre compréhension de la loi créatrice de votre propre esprit soit claire, positive et pénétrante. « A ceux auxquels vous remettrez leurs péchés ils seront remis ». *Jean 20 - 23.*

Retenir c'est garder, c'est retrancher. Si vous êtes dans la pauvreté, bien qu'étant membre d'une église, d'un culte, et que, cependant, vous demeuriez pauvre ou malade, vous ne vous êtes pas pardonné. Vous gardez l'état d'esprit, la croyance en la pauvreté et vous n'êtes point sauvé. Vous avez à faire la démonstration de votre Sauveur, de votre foi en Dieu. Sans cesse nous démontrons et manifestons ce en quoi nous croyons.

J'allai il y a quelque temps, à l'Hôpital de la Reine des Anges, pour voir un homme qui disait qu'il allait passer dans la prochaine dimension. La première chose qu'il me dit fut : « Le Seigneur Jésus est mon Sauveur ». Les hôpitaux du monde entier sont remplis de personnes qui ont un Sauveur personnel et qui, cependant, ne sont point sauvées.

Il nous est fait selon notre foi. Notre Sauveur c'est la réalisation de notre désir. Quimby, il y a cent ans, déclara que la sagesse est notre Sauveur et il appela cette sagesse, qui opère dans l'esprit de l'homme, la science de la vie et de la santé. Quimby appela cette sagesse le Christ. Le Christ signifie le pouvoir que vous avez d'embrasser une idée, d'en prendre conscience, d'en remplir votre esprit par le truchement du sentiment. Le sentiment de votre union avec votre désir, la conscience d'en posséder la réalisation, c'est l'Esprit de Dieu agissant pour vous et exauçant votre désir. C'est alors que la loi créatrice agit en vous. Cette connaissance est votre sauveur, comme l'attestèrent de nombreux étudiants qui avaient assisté à des cours sur les sacrements.

Si vous parlez à un médecin de votre maladie, à un avocat d'une instance en divorce ou à un psychiatre de vos angoisses menta-

les, vous avouez, vous révélez un état qui
vous perturbe.

Un jeune homme suivit les cours sur les
sacrements. Il venait de faire faillite et avait
perdu tout l'argent que ses parents lui avaient
donné pour ouvrir son magasin, ainsi que
celui qu'ils lui avaient ensuite prêté pour faire face à ses échéances. Il se désolait pour
lui-même et pour ses parents. De plus, il se
condamnait, ce qui est bien le plus destructeur
de tous les sentiments humains. Ne vous con-
damnez jamais ni ne vous accusez ; rien n'est
plus malfaisant. Cette attitude mentale est un
véritable foyer d'infection qui empoisonne et
débilite tout votre organisme, vous réduisant
à n'être plus qu'une épave physique et mentale.

Le mot *repentir* signifie nouvelle manière
de penser. Cela veut dire que l'on change sa
pensée définitivement. Se pardonner veut dire que l'on s'identifie à son idéal. Le jeune
homme dont il est question écouta attentivement les cours et se dit : « Je vais mettre en
pratique cet enseignement » ; il en avait compris le sens, le bien fondé. Il se rendit compte
que tout ce qu'il avait à faire était de méditer sur l'idée du succès et que, ce faisant, la
puissance subjective qui nous anime l'oblige-
rait à faire tout ce qui serait nécessaire à ce
succès. Il commença donc d'y penser avant
de s'endormir le soir ; se représentant tout ce

que la réussite lui apporterait, se disant que Dieu réussit toujours dans toutes Ses entreprises, qu'elles se rapportent aux planètes, au soleil ou au cosmos. Il se mit à prendre conscience qu'il était né pour réussir et que le succès serait la preuve de l'efficacité de sa prière ; il se dit qu'il remportait un plein succès dans ses rapports avec autrui et dans une activité de son choix. Il prit comme thème de méditation : « La réussite est dès maintenant à moi », et chaque soir, pendant cinq ou dix minutes, il se le répéta lentement avant de s'endormir. « Dans l'état de somnolence », dit Beaudoin, le grand psychologue, l'esprit est plus réceptif parce que passif et il est plus facile d'imprégner à ce moment-là le subconscient.

En ce qui concerne notre jeune homme, vous allez voir que la suite ne manque pas d'intérêt. Il fut pris tout à coup du désir d'apprendre à bien parler en public, ce qu'il fit. Puis il prit des cours du soir et apprit l'art de la publicité. Il est aujourd'hui à la tête d'une agence de publicité et ses appointements sont de 25.000 dollars par an. Au moment où il commença ses cours sur les sacrements il gagnait 50 dollars par semaine plus quelques dollars pour l'entretien de sa voiture. Ce jeune homme s'était confessé de ses péchés, s'était repenti au sens exact, réel, de ces mots. Combien ces vérités sont simples.

Afin que vous sachiez que le fils de l'homme a sur terre le pouvoir de pardonner les péchés : « Lève-toi, dit-il au paralytique, prends ton lit et va-t'en dans ta maison. » *Matthieu 9 - 6.*

Le fils de l'homme c'est l'idée, le désir que vous souhaitez voir se manifester et, naturellement, sa réalisation représente le pardon de votre péché, de votre échec. Si vous êtes en prison, le pardon de vos péchés c'est votre élargissement. Votre péché serait de demeurer en prison tout en aspirant à la liberté. En vivant dans la conscience de la liberté, il vous serait impossible de vivre derrière des barreaux. L'ange de la présence de Dieu vous ouvrirait les portes de la prison. Cet ange ne serait autre que votre conviction de la puissance de Dieu en toutes choses. C'est ce même ange (l'attitude mentale) qui délivra Paul, Pierre et bien d'autres, de leur prison.

« Prends ton lit, lève-toi et marche », est une façon idiomatique, orientale, pittoresque de dire « Apprends à connaître la vérité. Elève ta conscience et sache qu'avec Dieu tout est possible ». Apprenez à connaître la vérité au sujet de votre propre être dès à présent et avancez en être libre. La vérité qui vous affranchit c'est toujours le facteur subjectif ; c'est la vérité universelle. Quoi que ce soit que vous sentiez subjectivement, que vous croyiez être vrai, se manifestera, que se soit bon, mauvais ou médiocre. Vous voyez combien cela est simple. Si, par exemple, vous me dites ce que me dit un homme dans une conversation que j'eus avec lui à Calcutta. « Pour atteindre la sainteté il faut vivre une vie d'ascète et manger des légumes ». Ce que vous dites est insensé, lui répondis-je, comme je vous le dirais, mais si vous le croyez vous en faites une loi qui vous est propre et à laquelle vous vous liez. De plus, ajoutai-je, Dieu n'a cure que vous mangiez des carottes, des noix ou du miel, pas plus qu'il ne se soucie de ce que vous vous mariiez ou restiez célibataire.

« Car Jean est venu, ne mangeant et buvant, et ils disent : Il a un démon. Le Fils de l'homme est venu mangeant et buvant, et ils disent : C'est un mangeur et un buveur, un ami des publicains et des pécheurs. Mais la sagesse a été justifiée par Ses enfants. » *Matthieu II : 18-19.* Jésus nous dit ici dans une langue claire que la sagesse et la compréhension de la loi spirituelle ne consistent ni à manger de la viande et à boire du café, ni à s'abstenir de manger et de boire. Vous pouvez être sage tout en vivant en ascète, tout comme vous pouvez être marié et père de dix enfants, manger du jambon et boire du vin sans cesser d'être illuminé et très sage, marchant dans les voies de Dieu. La sagesse est tout à fait indépendante de la viande et des légumes ; la sagesse et les vérités éternelles sont éternelles. Si vous êtes un enfant de la sagesse, c'est au-dedans et non point au-dehors que vous chercherez la cause de toute chose, la source de toute puissance. L'Hindou dont je vous parlais, croyait qu'il y avait une grande vertu à vivre éloigné du monde, se nourrissant de noix et de fruits. D'autres pensent que cela est complètement ridicule, ils vivent au milieu des hommes, jouissent de toutes les bonnes choses que Dieu a créées : la bonne nourriture, le soleil, les fleurs. Ils vivent une vie d'abondance et de tranquillité intérieure ; ils pensent qu'il faut se réjouir en Dieu de tous Ses dons. Ils sont pleins de gaieté. Ils savent que Dieu ne veut pas qu'ils habitent des masures ; leurs demeures sont donc belles et ils portent de beaux habits. Ils s'habillent à la Gloire de Dieu ; ils ont une vie équilibrée. Ils volent à travers l'espace en toute tranquillité, sachant que l'avion est aussi une idée de Dieu. Ces gens-là pensent que toutes choses sont bonnes, que tout est bien ; ils ne trouvent point de vertu à jeûner et à s'affamer avec du jus d'oranges et de cacahuètes. Et ils sont, eux aussi, illuminés et pleins de la sagesse de Dieu.

La Sagesse divine ne connaît ni pécheur ni saint. Elle ne connaît qu'Elle-même. Pourquoi s'inquiéter de ce qui n'est point essentiel, de ce qui est insignifiant. « Pourquoi jouer les conducteurs aveugles, couler le moucheron et avaler les chameaux et les montagnes de l'ignorance, de la peur, et de la superstition. » *Matthieu 23 : 24.* (N.T.).

Certains disent que Dieu donna à Ses disciples et à ceux qui les suivirent, le pouvoir de pardonner les péchés par ces mots : « Et je te donnerai les clés du Royaume des Cieux : ce que tu lieras sur terre sera lié dans les cieux, et ce que tu délieras sur terre sera délié dans les cieux. » Ces mots, *ciel* et *terre* représentent l'état invisible et l'état visible — votre esprit et votre corps. Le mot corps, bien entendu, ne représente pas seulement votre corps physique mais votre ambiance et tout ce qui a trait à votre univers extérieur.

Vous avez les clés de ce royaume intérieur. On vous a dit et répété que le Royaume des Cieux est au-dedans de vous. *Au-dedans* signifie dans votre pensée et dans votre sentiment. Le royaume de l'intelligence infinie, de la puissance, de l'amour, de la béatitude et de toutes les richesses de Dieu est dans les profondeurs de votre inconscient attendant d'être ressuscité par vous. Tout ce que vous liez sur terre, autrement dit, tout ce que vous croyez vrai qui est basé sur le témoignage des sens, sur les apparences, votre conscience (le ciel) l'accepte, et tout ce que vous déliez sur terre est délié dans le ciel. Ce qui veut dire que ce que vous rejetez mentalement

comme étant indigne de demeurer dans votre
esprit, tout ce dont vous détachez votre attention, disparaît de votre vie. C'est parce que
nous les gardons vivaces dans notre conscience que la pénurie et la limitation s'installent
en notre vie. Lorsque nous cessons de les entretenir en les rejetant de notre mentalité,
elles meurent faute de nourriture.

Ce n'est pas assez de rejeter mentalement
les conditions négatives, il faut, en même
temps, se réjouir de posséder le bien auquel
nous aspirons jusqu'à nous absorber dans sa
réalité. C'est alors que nous délions sur terre
l'état négatif, parce que nous le délions dans
le ciel, c'est-à-dire dans notre propre con-
cience. Et, pour ma part, je ne sais rien de
plus simple.

Cette question de la pénitence et de la repentance est un sujet de perplexité pour beaucoup, cependant. « Produisez donc du fruit
digne de la repentance. » *Matthieu 3 : 8*. Se
repentir, nous l'avons déjà dit, c'est changer
sa manière de penser ; il en résulte la santé,
le bonheur et la paix de l'esprit. Beaucoup
de personnes ont de Dieu une idée bien étrange ; elles pensent que Dieu punit les hommes
pour leurs péchés. Leur Dieu est un Dieu de
récompenses et de punitions. Lorsque j'étais
petit garçon j'entendais mes oncles et mes
tantes parler de bien des choses et souvent
ils disaient : « Je suis sûr que Jean, ou Marie,

a eu cet accident parce qu'il (ou elle) a cessé de fréquenter l'église. » Chaque fois qu'une calamité s'abattait sur des êtres, ils étaient considérés comme des pécheurs et des objets de la colère ou de la volonté de Dieu. Et je me demandais souvent à quel Dieu ils donnaient asile en leur esprit. Et vous, quel est votre concept de Dieu ? Sachez bien que la réponse que vous donnez à cette question détermine tout votre avenir. Si vous croyez que Dieu est cruel, vindicatif, qu'il est un Moloch inscrutable, tyrannique, dans les nuages, une sorte de despote oriental qui vous punit, alors, bien sûr, vous allez faire l'expérience de votre penser habituel et votre vie sera grise et confuse, pleine de craintes et de limitations de toutes sortes. En d'autres termes, vous exprimerez le résultat de votre croyance en Dieu. Si vous avez en ce moment des expériences négatives, elles proviennent de vos croyances ; Dieu devient pour vous semblable à la conception que vous avez de Lui ; il est donc de toute première importance d'avoir à Son endroit le juste concept. Peu importe comment vous Le nommez ; c'est votre croyance, votre conviction à Son sujet qui gouverne toute votre vie. Si, par exemple, vous croyez à un Dieu qui vous envoie la maladie, la douleur et la souffrance, vous croyez en réalité à un Dieu cruel. Vous n'avez pas un bon Dieu. Pour vous, Dieu n'est point un

Dieu aimant. Avec un concept aussi étrange, aussi ignorant de Dieu, vous aurez pour résultat toutes sortes de difficultés et de peines. Votre croyance en Dieu n'a qu'une valeur nominale, elle n'a point de sens. Ce qui compte c'est votre croyance réelle, subjective — celle de votre cœur. C'est celle-là dont vous ferez toujours la démonstration. Voilà pourquoi Quimby disait : « L'homme est l'expression de sa croyance. »

Si vous concevez Dieu comme étant bien loin dans les nuages, vous aurez un Dieu capricieux, aussi fantasque qu'un être humain. Vous serez semblable à cet homme d'affaires qui me dit drôlement : « Tout irait bien pour moi si Dieu me laissait tranquille. » Et je pense que vous conviendrez avec moi que cela se passe de tout commentaire. Pourquoi ne pas revenir au concept d'Esaïe, chapitre 9, verset 6, « On l'appellera Admirable, Conseiller, Dieu puissant, Père éternel, Prince de la Paix. » Esaïe 9 : 5. Commencez dès aujourd'hui, en lisant ces lignes à faire vôtre, à élever dans votre conscience ce concept, cette vraie croyance en Dieu et les miracles se produiront dans votre vie. Prenez conscience de ce que Dieu est toute béatitude, toute joie, beauté indescriptible, harmonie absolue, intelligence infinie, amour sans bornes, omnipotent, suprême et seule présence. Acceptez mentalement le fait que Dieu soit tout cela

sans plus d'hésitation que vous n'en mettez
à reconnaître que vous êtes en vie ; c'est alors
que vous ferez l'expérience des résultats merveilleux de vos convictions nouvelles, relati-
ves au Dieu béni qui vit en vous. Vous trouverez la santé, la vitalité ; vos affaires, votre
ambiance et le monde en général se tranfor-
meront pour le meilleur. Vous serez prospère
spirituellement, mentalement et matérielle-
ment. Votre perception spirituelle s'accroîtra
merveilleusement et vous vous trouverez
transformé en un homme nouveau.

Voilà la véritable signification de la repentance, revenir à l'Unique, le Beau et le Bon,
ne faisant cas de rien si ce n'est de votre dévouement, de votre attention toute entière
donnée au seul vrai Dieu, le « Père des lumières, en qui il n'y a ni changement ni ombre de variation. » *Jacques I : 17.*

J'ai étudié l'œuvre de Philon le Juif, au
premier siècle, qui commente le sens allégorique des cinq livres de Moïse que l'on nomme
le Pentateuque. Philon explique les mots
« Seigneur » et « Seigneur Dieu » d'une façon admirable. Ces termes, vous le savez sont
fréquents dans la Bible. Philon dit, « Dieu »
c'est le nom qui dénote la douce et gracieuse
puissance ; « Seigneur » indique la puissance
royale. » Et pour lui la prière la plus admirable est celle au cours de laquelle le Seigneur devient Dieu pour vous, lorsque vous

cessez de Le craindre pour Lui rendre avec amour les honneurs qui reviennent à Celui qui répand toutes les grâces. Ces mots « Seigneur » et « Dieu » sont employés de façon interchangeable aussi. Le psalmiste dit « Sachez que le Seigneur est Dieu. » *Psaume 100 : 3.*

Il dépend de l'homme d'appeler le Créateur « Seigneur », ou « Dieu ». Ce sont deux manières de voir la même chose. Comme le dit Philon, « Seigneur » est le nom de la puissance royale mais, dans les temps anciens, le le terme de « Seigneur » s'appliquait aussi aux tyrans, aux despotes, à ceux qui possédaient des esclaves et des nerfs. Il en était de ceux-ci comme des esclaves aux Etats-Unis avant leur émancipation. Leur propriétaire était leur seigneur et maître, et ils étaient complètement à sa merci. C'est de cette façon que beaucoup de personnes conçoivent Dieu. Ils ont un Dieu cruel et vengeur. C'est un Seigneur vindicatif qui provoque les tremblements de terre, les désastres de toutes sortes, que les polices d'assurances appellent les « actes de Dieu. » Ces gens-là disent : « Mon enfant est mort par la volonté de Dieu. » Quel effroyable, quel monstrueux concept de Dieu ! Philon nous convie à considérer Dieu comme étant Amour, notre bienfaiteur.

Je conseillais un jour à un des mes étudiants à Londres, où je fais une série de

cours presque chaque année, de regarder Dieu
comme son associé, son guide, son consola-
teur ; de croire que Dieu, tel un père aimant,
avait soin de lui sans cesse ; de rendre grâces de ce que Dieu pourvoyait à tous ses be-
soins et l'inspirait dans toutes ses voies. Cet
homme m'écrivait ensuite : « Je sens Dieu
comme une vivante Présence, un ami, un conseiller, un guide. Mes affaires prospèrent à
trois cents pour cent, ma santé est rétablie et
je me suis débarrassé des grosses lunettes que
je portais depuis vingt ans. »

Vous comprenez, n'est-ce pas, ce qui s'était
passé ? Cet homme avait pris l'habitude de
considérer Dieu comme étant son Père. Ce
mot « Père » avait pris pour lui toute sa signification. Il signifiait amour, protection, directives et abondance. Pour lui, Dieu était à
présent une personne. Troward dirait : « Une
vérité se démontre. » Dieu est hors du temps,
sans âge et sans face, sans forme. Dieu est
l'Esprit tout-puissant et Il est personnel en ce
sens que tous les éléments de la personnalité
sont en Dieu et se reflètent en nous : la vie,
l'amour, la vérité, la beauté, la joie, la bonté
et la douceur. Le charme, la chaleur de votre
personnalité révèlent la personnalité infinie
de Dieu. Dieu est loi, mais Il est plus que la
loi. Dieu est amour, lumière ; vérité, beauté,
sagesse, joie, ordre, symétrie, porportion, ryth-
me et Ordre divin. Dieu c'est aussi la gaieté

et le sourire d'un petit enfant est le sourire de Dieu.

Quelle sorte de Dieu est le vôtre ? Penser que Dieu est votre Père aimant, plein de lumière et de beauté, prendre conscience de ce que Dieu est intelligence infinie, qui, par sa nature même, nous répond toujours, vous donnera des réponses immédiates, selon la nature de votre pensée. Et vous ferez à votre tour l'expérience de l'inspiration, de la vitalité, de l'enthousiasme, de la prospérité et de bien d'autres bénédictions inestimables. Si vos pensées sont au long du jour négatives, pour employer le langage de Troward, vous vous mettez dans la situation de quelqu'un qui renverse l'emploi de la puissance qui, alors, se manifeste pour vous en tant que négations : pénurie, misère, douleur et souffrance.

Pour qu'un homme s'éveille à la liberté et à la paix de l'esprit, il faut certes qu'il se repente au sens vrai du mot, c'est-à-dire qu'il comprenne que ses expériences sont le résultat de son penser habituel. C'est alors qu'il découvrira la vérité qui l'affranchira.

Durant un de mes cours, la question suivante me fut posée : « Pourquoi les quarante-cinq personnes qui périrent lorsque l'avion qui les transportait fut bombardé au-dessus de Denver, furent-elles tuées ? » De telles questions sont fréquentes. J'aime beaucoup la réponse donnée par le Dr Nicoll. Il cite le passage de la Bible dans lequel les disciples posèrent à Jésus cette même question. « Pensez-vous que ces Galiléens fussent de plus grands pécheurs que les autres Galiléens parce qu'ils ont enduré ce supplice ? — Non, vous dis-je ; mais si vous ne vous repentez, vous périrez tous de même. Croyez-vous aussi que les dix-huit personnes sur qui la tour est tombée à Siloé, et qu'elle a tuées, fussent plus coupables que les autres habitants de Jérusalem ? — Non, vous dis-je ; mais si vous ne vous repentez, vous périrez tous de même. » *Luc 13 : I-5.*

En lisant ce passage, vous voyez que les disciples en étaient encore à l'antique croyance superstitieuse selon laquelle Dieu avait puni ces hommes en faisant tomber sur eux cette tour ; que c'était en quelque sorte la tribulation de leurs péchés ; de nos jours certains diraient que c'était leur *karma,* ce qui n'est qu'un autre terme modernisé pour désigner la croyance au diable. Le mot *karma* signifie loi d'action et de réaction. L'action c'est la pensée. La réaction c'est la réponse qu'obtient la pensée ; mentalement parlant, c'est semer et moissonner. Celui qui me posa la question au sujet des quarante-cinq personnes tuées en avion ajouta : « C'était sans doute leur *karma.* » La réponse est celle que donna Jésus : « Si vous ne vous repentez, vous périrez tous de même. »

Je connaissais une métaphysicienne qui avait projeté de prendre cet avion. Elle me dit qu'elle avait l'habitude de prier pour recevoir des directives et agir selon le sens Divin disant : « Le Seigneur va au devant de toi. » Une amie insista pour quelle l'accompagnât à Los Angelès en voiture, au lieu de prendre cet avion ; elle se rendit à cette invitation pour faire plaisir à son amie. De plus, elle avait le sentiment qu'il ne fallait pas qu'elle voyageât en avion. C'était me dit-elle, comme si une voix intérieure lui disait : « non », et lorsqu'elle reçut l'invitation de son amie, elle eut le sentiment que c'était bien ainsi qu'elle devait voyager. Cette dame faisait « pénitence », elle pratiquait la repentance qui n'est qu'un synonyme de la pensée juste, et la sagesse intérieure lui indiqua l'action juste, la bénissant « dans toutes ses voies. » Si elle n'avait pas eu l'habitude de la prière, elle eut sans doute pris ce malheureux avion et eut été une des victimes.

Ce qui ne veut nullement dire, comme l'indiqua Jésus, que ces gens-là étaient mauvais. Pas du tout ; ils furent les victimes de l'entendement collectif. Nous sommes tous plongés dans cet entendement collectif, cette inconscience collective qui croit à la mort, aux accidents, aux malheurs, aux troubles, aux désastres de toute sorte. Nous sommes tous, comme dit Troward, sujets à cette loi des moyennes, cet entendement collectif, jusqu'à ce que nous décidions de nous élever au-dessus d'elle par la prière et par la pensée constructives. La mort par incendie de centaines d'enfants, ou de jeunes soldats par bombardement en mer, ou par collision sous-marine, tous ces événements ne sont en aucune façon une punition divine des péchés, ils sont bien plutôt dûs au fait que ces personnes étaient plongées dans cet entendement collectif ignorant, qui domine sans cesse l'esprit de ceux qui s'y soumettent ; tant il est vrai que nous sommes tous des postes émetteurs et récepteurs. Quimby dit : « Nos esprits sont autant d'atmosphères qui s'entre-mêlent et dans lesquelles chacun garde son identité. » Les pensées, les sentiments, les croyances provoqués par les journaux, la propagande, les programmes de la télévision, les commentateurs, ajoutés à l'atmosphère mentale de ceux qui vous entourent, s'impriment sans cesse sur le médium réceptif qu'est notre esprit ; et, si vous ne façonnez pas vous-même votre penser, vous subirez, comme le dit Jésus, le sort commun, c'est-à-dire le sort de ceux qui sont gouvernés par l'entendement collectif.

Le Dr Nicoll fait remarquer avec une lucidité extrême que « repentance » vient du grec *meta-noia* qui veut dire changement d'esprit, transformation mentale. Ce mot n'a aucun rapport avec le sentiment de regret. Ce

dont nous avons besoin, donc, c'est d'un net-
toyage complet de notre mental qui nous donnera une interprétation toute nouvelle de la
vie, une nouvelle façon de penser afin que
nous commencions immédiatement à remplir
notre esprit des vérités de Dieu, repoussant
définitivement tout ce qui ne Lui est point
semblable.

Un étudiant Japonais me dit, pendant mon
séjour dans son pays où je faisais une série
de cours, qu'un jour il avait manqué son
train parce que sa montre s'était arrêtée. Sur
le moment, il en fut déçu ; puis il se rappela
que Dieu le protégeait toujours dans ses voya-
ges et dans toutes ses voies. Pendant la journée il apprit que ce train qu'il avait manqué
était tombé du haut d'une falaise et qu'il y
avait un grand nombre de morts et de bles-
sés. Cet homme ajouta que lorsqu'un étudiant
de la vérité contemple la Présence de Dieu à
l'œuvre, en lui-même, à travers lui, et autour
de lui, à tout instant, ses vibrations mentales
et spirituelles ne s'harmonisent pas avec la
vibration mentale qui propulse le train qui
déraille. Ce qui est une excellente explication
scientifique basée sur la loi selon laquelle
deux éléments différents se repoussent.

Nous connaissons, vous et moi, beaucoup
de personnes bienveillantes, bonnes, généreu-
ses, très attachées à leur église, qui ont souffert de grandes tragédies au cours de leur vie,

non pas parce qu'elles étaient à ce moment-là mauvaises, non pas parce qu'elles pensaient aux désastres ou aux calamités, mais parce qu'elles ne se repentaient point, n'apprenaient point à penser vrai. Combien de gens pensent-ils ? Penser veut dire comparer ; comparer une chose, une proposition, à une autre ; vous avez le pouvoir de choisir, de sélectionner. Si votre instrument mental ne sait que dire « oui », la comparaison n'est pas possible. Vous avez le choix entre deux choses — à l'une vous dites, « oui », à l'autre « non ». Tout penser englobe, ou devrait englober, choisir ceci, rejeter cela ; et il serait impossible de rejeter ou de choisir, si votre esprit n'était capable d'affirmation ou de rejet. Vous comprenez que la plupart des gens ne se repentent pas — ne savent pas penser avec sagesse. En fait, ce que la plupart appellent penser n'est point du tout penser ; ce n'est, à travers eux, que la pensée de l'entendement collectif qu'ils reçoivent sans aucun discernement.

Lorsque votre esprit est consacré aux vérités éternelles de Dieu, vous pensez ; vous pensez lorsque vous rejetez toute crainte et contemplez la réalité de votre désir, sachant qu'il y a une Toute-puissance qui répond à votre pensée et qui en fera une réalité. Vous pensez vraiment lorsque le raisonnement de votre esprit consiste à rejeter tous les concepts négatifs comme étant impropres à la maison de Dieu, lorsque vous vous réjouissez de la réalité de la solution divine, sachant qu'une sagesse subjective répond à votre pensée créatrice. Vous pensez vraiment lorsque vous méditez sur ce qui est beau, noble et semblable à Dieu. Combien croyez-vous qu'il y ait de gens occupés à penser de cette nouvelle façon ? Ils peuvent être bons du point de vue du monde, comme ceux sur lesquels s'abattit la tour de Siloé, mais ils ne pensent point à Dieu et à Ses lois.

Il est écrit : « Tu adoreras le Seigneur ton Dieu et tu ne serviras que Lui. » Beaucoup sont gens de bien en ce sens qu'ils sont bienveillants, disent leurs prières, sont bons citoyens et paient leurs impôts, votant quand il le faut ; ce n'est pas assez. Si vous pouviez regarder dans leur conscience, vous trouveriez sans doute des craintes, des phobies, des fixations psychologiques ; des ressentiments tenaces, de la mauvaise volonté, de la haine réprimée. Je m'entretiens souvent avec ceux que le monde appelle « bons » et je m'aperçois que certains d'entre eux ont peur de la punition dans l'au-delà. Ils n'ont point confiance en Dieu et doutent de Son amour et de Sa grâce. Troward fait le tour de la question en disant que cette loi des moyennes gouverne l'homme de telle sorte que les individus vivent et meurent en grand nombre, mais

la race est préservée. « Elle est », dit-il, « très
soucieuse du genre humain, et parfaitement
indifférente à l'individu. » Puis il indique
que l'on peut se libérer de cette loi des moyennes, de cet entendement collectif qui croit à
la mort, à la malchance, à la maladie et aux
échecs, en prenant des risques sur l'échelle
de l'intelligence. Autrement dit, en devenant
conscients du fait que l'esprit qui vous anime
est Dieu et qu'Il répond à votre pensée, vous
vous élevez au-dessus de la loi des moyennes,
vous n'êtes plus assujetti à l'entendement du
monde et à ses fausses croyances. Vous commencez à diriger votre vie au moyen des pensées constructives, en vous servant de votre
imagination au sens divin, ce qui a pour résultat d'accroître énormément le sentiment de
liberté et de sécurité qui est toujours en rapport avec le degré de liberté de votre intelligence et de votre perception spirituelle.

La différence entre celui qui se repent et
celui qui se laisse aller en disant, « Tout va
bien ; je mange, je dors, je travaille et Dieu
est bon pour moi », est la suivante ; Le premier pense avec sagesse, et le principe de
l'intelligence réagit en conséquence pour accroître sa liberté et son bien dans tous les
domaines. Celui qui se contente de dormir et
de manger refuse tout simplement de se servir de la puissance de Dieu qui est en lui,
pour s'élever au-dessus du monde et de ses

craintes ; et il s'aperçoit qu'il attrape la grippe lorsque celle-ci « court », ou bien le rhume des foins au moment des fenaisons. Il est accessible aux douleurs, aux peines et aux désordres du monde extérieur. Il reste gouverné par le témoignage des sens et par l'entendement collectif ; il vit selon la loi des moyennes.

Un jour je rendis visite à une dame au Post Graduate Hospital de New-York. Elle avait un cancer, et m'avoua que depuis trente ans elle haïssait sa belle-fille, comme du poison, disait-elle. Elle me dit qu'elle n'avait jamais pensé au cancer, qu'elle n'en avait jamais eu peur ; mais le sentiment empoisonné de la haine s'était logé dans son subconscient et avait pris dans son corps la forme d'un cancer. Ce n'est pas nécessairement le fait de penser au cancer ou de le redouter qui le provoque ; ce n'est pas nécessairement non plus le fait de haïr quelqu'un.

Récemment je vécus pendant quelque temps avec un homme très bienveillant, noble, généreux et en tous points magnanime. Il avait un cancer généralisé — la raison en était que son père et ses deux frères étaient morts de cette maladie. Cette homme l'avait redoutée pendant plus de vingt ans. Pendant vingt ans il avait vécu avec cette terrible crainte. « Ce que j'ai le plus redouté c'est ce qui m'atteint. » *Job 3 : 25.* Ce n'était point Dieu qui le punissait, ce n'était pas non plus un « *karma* » passé. Ce n'était dû qu'à son ignorance et à sa peur. Personne ne lui avait appris à bien prier, et lorsqu'il priait, c'était pour supplier un Dieu lointain, disant : « Si c'est Sa volonté, Dieu me guérira. » Nous retrouvons ici cet ancien Dieu de la jungle, ce Dieu vengeur qui punit Ses enfants. L'homme dont il est question sait maintenant prier et il est en très bonne voie de guérison, recevant les encouragements et les louanges de ses médecins.

La plupart des personnes qui lisent le récit d'accidents de trains, d'automobiles, s'imaginent qu'une puissance, émanant de quelque part nuit à des gens absolument innocents ; mais on peut dire de l'état mental de ces victimes, ainsi que de ces désastres, « qui se ressemble, s'assemble. » Celui dont la foi est solide, qui se confie à une providence immanente qui toujours veille sur lui, est éloigné de toute expérience fâcheuse qui pourrait lui nuire, tout comme l'eau éloigne l'huile. Sa foi en Dieu et l'expérience désastreuse se repoussent en vertu de la loi de la croyance.

Dites-vous à vous-même à présent : « Je demeure dans le lieu secret du Très-Haut, à l'ombre du Tout-Puissant. » *Psaume 91 : 1.* Si vous le croyez de tout votre cœur, vous serez absolument invulnérable. Vous n'aurez rien à craindre en ce monde. Tous les accidents, tous les incendies, toutes les guerres, les calamités de toutes sortes ont une cause mentale, sont le résultat d'une attitude mentale. L'homme est à la fois cause et effet.

Vous allez peut-être dire : « Mais que penser des calamités naturelles — peut-on s'en protéger ? » Il faut se toujours souvenir que l'ambiance d'un homme est toujours l'ombre, le reflet de son propre esprit. Si son esprit est tourné vers Dieu et Son amour, il ne sera jamais atteint par les calamités, que ce soit par eau, par guerre ou par tremblement de terre.

Le Dr Taniguchi, leader de la Pensée Nouvelle au Japon et que l'on appelle le Ghandi de ce pays, raconte que l'inondation d'une ville du Japon détruisit un grand nombre de ses restaurants sans en laisser de trace. Mais le restaurant Hiragi-Ya, à Yase, où se rencontraient les étudiants en métaphysique japonais, demeura intact. Le malheur, les calamités, ne peuvent frapper celui qui croit que la vérité de Dieu est son bouclier protecteur. Je crois de tout mon cœur ce que dit le Dr Taniguchi, « Les pluies torrentielles, les tornades, les tremblements de terre sont tous des produits de la pensée. » Souvent on me pose cette question, vieille de plusieurs siècles : « Et les enfants ? Ils sont innocents. Et un homme de quatre-vingts ou de quatre-vingt-dix ans n'est-il pas comme un enfant au berceau ? »

Il n'y a qu'une loi et cette loi ne respecte point les personnes. Tous les enfants naissent dans l'entendement collectif et, comme le fait remarquer Quimby, ils sont complètement assujettis à l'atmosphère mentale qui règne au foyer dans lequel ils grandissent, à l'image et à la ressemblance des états d'esprit qui dominent chez leurs parents et chez ceux qui les entourent. Si la maman s'énerve, le petit enfant fait de la température, etc, il en est de même pour la jeune fille qui s'enrhume à son bureau sous prétexte qu'elle est assise à côté du ventilateur. L'homme de soixante-dix ans, dont l'arthrite a fait un infirme, est comme un petit enfant qui crie dans le désert et qui demande : « Comment cela m'est-il arrivé ? » Et il s'en prend au temps, à la nourriture ou à quelqu'autre chose. Il ne lui vient jamais à l'esprit de s'en prendre à lui-même, à sa pensée ou aux manquements de sa pensée. Tous les hommes du monde entier sont semblables aux petits enfants au berceau, gouvernés par un entendement collectif ignorant et borné jusqu'à ce qu'ils parviennent à la raison véritable et commencent à accueillir les pensées de Dieu, les pensées de Paix, de joie, de santé et d'amour.

Lorsque nous nous mettons à déclarer que ce qui est vrai concernant Dieu est également

vrai pour nous, nous sortons de l'entendement
collectif et sommes à part, ce qui veut dire
que nous sommes maîtres de notre destinée.
Les parents doivent penser correctement pour
leurs enfants jusqu'à ce que ceux-ci soient à
même de rejeter cette nourriture malsaine
que sont les fausses croyances, l'ignorance et
la superstition. En fait, l'ignorance est le seul
péché dans tout l'univers, et la conséquence
de cette ignorance est la seule punition qui
existe. « Repentez-vous car le royaume du Ciel
est proche. » Tournez votre pensée vers Dieu
immédiatement, et vous découvrirez Dieu
dans votre propre conscience. C'est cela votre
salut. Le mot salut signifie *soteria* — un retour sauf, et pas autre chose. Combien ce mot
est simple et combien admirable pour vous,
qui que vous soyez ; quel que soit le crime
que vous puissiez avoir commis, il n'y a pour
vous que soteria. Oui, un retour sauf au Père,
comme celui de l'Enfant prodigue. Le men-
diant et le voleur, comme le saint, tous ver-
ront la gloire transcendante qui est de Dieu.
C'est le devenir certain, la destinée ultime de
tous les hommes. Dieu n'aurait pas pu agir
autrement dans Sa création, car Dieu est
amour.

Tournez-vous dès à présent vers Dieu et
prenez conscience de la vérité de ces paroles, « Tu es un asile pour moi, tu me garantis
de la détresse ; tu m'entoures de chants de

LE SACREMENT DE PÉNITENCE

délivrance. » *Psaume 37 : 7.* Repentez-vous dès
maintenant en changeant vos pensées ; faites
en sorte qu'elles demeurent changées et le
cœur universel de Dieu répandra sur vous
Ses bénédictions. Alors vous chanterez avec
le psalmiste : « Dieu est pour nous un refuge
et un appui, un secours qui ne manque jamais dans la détresse. » *Psaume 46 : 1.*

CHAPITRE IV

L'EUCHARISTIE — LA SAINTE COMMUNION

QUAND VOUS PRIEZ,
LES MERVEILLES ABONDENT

La maladie, la pauvreté et la limitation sont dues au fait que l'homme a abandonné son divin héritage — la domination par l'esprit. Son libre arbitre cesse lorsqu'il prend la mauvaise voie, celle de la croyance, de la foi en des effets extérieurs. Voilà la véritable signification de la chute de l'homme, du péché originel. L'homme a oublié sa divine Source et il a fait des opinions humaines les Commandements de Dieu — La solution du problème du « Salut » consiste à choisir le Royaume de notre Père, qui se trouve au dedans de nous. Le sentiment de séparation d'avec le Dieu Unique, voilà le péché originel. C'est manquer notre but.

C'est alors que nous sommes l'ange déchu, « déchu du ciel », l'état idéal. Cette chute a toujours lieu lorsque nous ressentons un besoin ou une privation de quelque sorte qu'elle soit. Mais ce sentiment de besoin, de privation devient une poussée vers la croissance du retour à l'Unique.

La naissance du Christ, la Sainte Communion, est un processus perpétuel que vous ressentez chaque fois que vous parvenez à une conviction juste, et que vous en imprégnez votre subconscient — la puissance de l'Unique Puissance. Prenez soin de faire un choix qui soit fondé sur des bases spirituelles. Ne tombez jamais en tentation en choisissant les bases fausses des croyances de peur, ou les vaines opinions nourries par la propagande. Le péché contre le Saint-Esprit c'est de ne pas croire en une Puissance Unique, c'est de conférer de la puissance aux choses extérieures, c'est de vivre en esclave de faux dieux.

Comme les autres Sacrements, le sacrement de l'Eucharistie est le moyen par lequel nous pouvons effectuer notre renaissance spirituelle ; il représente les pas que nous devons faire pour rentrer dans la Maison du Père. L'accomplissement de ce processus s'appelle la rédemption. Sa beauté, sa gloire, son extase, sa joie divine et sa signification mystique, sont parfois perdues de vue au cours des rites, des cérémonies, à moins que nous ne comprenions la signification ésotérique, intérieure, de ces rites ou des dogmes sur lesquels ils reposent. Considérez tous les sacrements comme un accord sacré entre votre conscient et votre subconscient. Lorsque les deux s'accordent en ce qui concerne la santé, la paix, l'abondance ou la solution de votre problème, alors Dieu, la paix, entre dans votre esprit.

« Sacrifice », « Sacrement », expriment le fait de remettre à Dieu votre Etre réel ; puisque Dieu est tout et qu'Il possède tout, pourquoi Lui donner des agneaux, des bœufs, des enfants, des filles ou des fils, comme s'il avait besoin de quoi que ce soit. Nous avons développé ceci dans notre premier chapitre. Cependant nous soulignerons ici que l'on ne peut offrir à Dieu que la foi, la louange et l'action de grâces. Vous offrez un sacrifice chaque fois que vous abandonnez vos fausses croyances, vos concepts erronés. Etudiez l'interprétation exacte des différents sacrements et vous serez sanctifiés, c'est-à-dire que vous retrouverez toute votre intégrité par vos pensées divines à votre propre sujet, au sujet de votre prochain, de vos soi-disant ennemis, de vos parents et de votre Dieu. Lorsque vous parviendrez à la conviction de la Vérité, les idées que vous entretiendrez se manifesteront, car le « Verbe » (l'idée, la pensée, le sentiment) est fait chair selon l'accord sacramentel ésotérique, car « tel un homme pense en son cœur (en son subconscient), tel il est. »

La loi psychologique sur laquelle sont basées ces paroles, veut que les idées auxquelles vous êtes attaché ou que vous craignez le plus se concrétisent obligatoirement tôt ou tard. Pour recevoir quotidiènnement la Sainte Communion (la communion mentale avec les idées intègres) entraînez votre conscient à n'accepter que les concepts vrais et saints concernant Dieu et son cosmos, afin d'être en mesure de mieux accomplir Sa Sainte Volonté. La Volonté de Dieu pour vous, dépasse toujours vos rêves les plus grands. Les sacrements vous enseignent que votre mission consiste à découvrir l'omniprésence, l'omniscience et l'omnipotence de Dieu. L'homme est, en fait, Dieu exprimé ou manifesté. Lorsque vous commencez à recevoir la Sainte Communion, qui est la méditation silencieuse sur les qualités et les attributs de Dieu, vous vous sentez uni, marié à Dieu et tous les mystères de l'état divin vous sont révélés. Dieu accomplira alors Sa Sainte Volonté (Toute Sa Volonté, la Vie, l'Amour, la Vérité, la Beauté, l'Ordre, la Béatitude, l'Abondance etc,) à travers vous, qui êtes son fils, sa fille bien-aimés en qui Il se réjouit. Il faut que vous vous immergiez dans les qualités de Dieu — la Vérité, l'Amour, la Joie — l'Unique.

Pour recevoir le sacrement de la Sainte Communion, l'homme cesse d'être un nom pour devenir un verbe qui exprime l'activité de Dieu. Ceci est la base même de toute

science théurgique sacrée. *Theos* (Dieu) plus
ergos (l'œuvre) égale théurgie, c'est-à-dire
l'œuvre de Dieu qui guérit. Lorsque vous commencez à recevoir régulièrement la Sainte
Communion, psychologiquement parlant, vous
ne limitez plus jamais l'Unique et vous ne
construisez plus de barrières faites des croyances humaines qui vous entourent. Votre
conscience est sujette à votre propre puissance. La racine de « sacrement », *sacr,* a une
signification phallique, car la puissance sex-
uelle agit par sa puissance propre, portant
la semence de la vie et de la germination.

La réception extérieure des sacrements doit
être accompagnée d'un accroissement intérieur de la grâce ; rien ne s'accomplit si l'acte extérieur n'est point suivi d'un changement du cœur. La grâce que vous recevez
devient pour vous un émerveillement constamment renouvelé de ce que Dieu et vous-
même ne formez qu'un tout, organique et
fonctionnel. Si vous êtes un praticien de la
Vérité, un professeur, vous vivez alors par la
grâce, c'est-à-dire que l'amour et la sagesse
de Dieu inondent votre esprit et votre cœur.
C'est alors que votre parole prend de l'autorité. Un professeur, un conseil spirituel lorsqu'il travaille par la grâce pour quelqu'un,
le révèle tel qu'il est en réalité, libre des en-
traves, des fausses croyances ; il le voit avec
la vraie Vision de Dieu qui prononce toutes

choses bonnes. Voilà ce que c'est que de gagner ici même dans vos travaux la couronne
de gloire et de grâce. Il est écrit que cela ne
se fait point par la force (l'effort physique)
ni par la puissance (l'effort mental, comme par
l'hypnotisme), mais par l'Esprit. Tandis que
vous contemplez l'harmonie, la beauté et la
perfection de Dieu en votre patient, il est
libéré du *Karma* (l'état négatif du subconscient) et renaît à la grâce (l'amour) et à la
vérité (la liberté).

Derrière tout symbolisme, tout rite, toute
liturgie, toute cérémonie, il *faut* l'étincelle
d'allumage intérieure. La Bible est pleine de
symboles phalliques que l'on trouve dans les
Psaumes, etc, — portes — Roi de gloire — seigneur des multitudes, Jonas, (l'idée) et la
baleine (l'utérus, le subconscient). Toute la
symbologie compliquée des sacrements ne si-
gnifiera rien pour vous à moins que vous ne
compreniez mieux les effets réciproques du
conscient (Jonas, phallus, Roi) et du subconcient symbolisé par le cercle, la baleine, l'utérus, la Reine Esther, le Christ intérieur, les
portes du temple.

Chaque sacrement est un acte d'union divine qui a pour résultat le sentiment plus profond de la grâce, et la grâce est une conviction profonde qui ne se peut exprimer par
aucune parole.

Les anciens savaient que la prière est re-

présentée par Adam tirant Eve de sa côte ;
autrement dit, la prière est le fait de tirer
des profondeurs de notre être ce qui convient
au désir bien-aimé, notre idéal. Chaque homme est « l'époux » porteur des « semences
concepts » dignes d'un fils de Dieu. Lorsque
la peur, l'ignorance et la superstition quittent
notre conscience, c'est le signe que vous participez vraiment aux différents sacrements
et que vous entrez dans l'état de grâce de la
convention spirituelle. Vous savez alors ce que
vous dites et vous décrétez, comme un roi revêtu de la puissance d'en haut.

Au sommet de toutes les conditions de la
Vie il y a toujours de la place ; il en est de
même de notre enseignement. Il n'y a que
trop d'ouvriers encore au niveau de la vallée ;
il faut monter jusqu'aux terres vierges des
sommets spirituels. Quimby acceptait tous les
défis ; ceux de la maladie, ceux des pénuries
de toute sorte. Il savait arrêter net ce que les
patients redoutaient ; ce fut lui qui, le premier, montra que l'homme devait agir depuis
le degré le plus élevé de sa conscience, le plus
près de Dieu. Quimby était tout rempli de la
grâce (la sagesse et l'amour) et de compréhension. Son état d'esprit très élevé produi-
sait une décharge électronique de grâce et de
confiance en ses patients qui en tiraient des
bénédictions, des guérisons, des dons divins
de l'Unique Source. Les vibrations de peur ne

pouvaient pas persister, et ne persistaient pas, dans l'atmosphère mentale qui se dégageait d'un pareil disciple. Quimby avait découvert ce que chacun devrait savoir, c'est-à-dire que le signe de la démonstration, la réponse à votre prière, a lieu lorsque vous éprouvez un sentiment de repos, la fin de tout effort, le sentiment que vous ne désirez plus, puisque, subjectivement, tout est accompli. Il s'ensuit une détente parce que l'acte créateur est terminé. « Tout est accompli ». La vraie guérison est affaire de compréhension profonde ; vous remettez à Dieu votre désir, votre concept, quel qu'il soit, Lui laissant le soin de transformer votre corps, de guérir tel ou tel organe.

Un jeune garçon me dit un jour, du temps que j'enseignais le catéchisme : « Le pain reste toujours le pain — comment peut-il être transformé en autre chose ? »

L'auteur du présent livre a fait autrefois des recherches en chimie et en pharmacologie. Nous savons que le pain, le beurre, le lait, etc... sont transformés en sang, en chair, en muscles et en os. Le vin et le pain que les français et les italiens absorbent à chaque repas est transformé en sang et en chair par le chimiste intérieur. En ce qui concerne l'Eucharistie, ce qui est important c'est la transformation psychologique. Un chimiste au moyen de la distillation fractionnaire extrait du sucre et du grain, de l'alcool, l'alcool peut être transformé en vinaigre par certains ferments. Le radium se transforme en plomb. Lorsque les anciens alchimistes parlaient de transformer le plomb en or, ils pensaient à la sublimation des passions grossières de l'homme jusqu'à des fins spirituelles. Le but de l'alchimiste était de faire naître un homme nouveau au moyen d'une nouvelle façon de penser. Le langage de l'alchimie était un langage secret comme celui de la Bible, qui est en grande partie écrite en paraboles et en allégories.

L'homme moyen, dans ce langage, était représenté par du plomb, et le dessein de l'alchimiste était de transformer ce plomb en or (les pouvoirs spirituels). Dieu représente la Mine cachée ou le Royaume du Ciel qui est au-dedans de l'homme. En suivant les formules alchimiques qui n'étaient autres que des formes de prières, l'homme de plomb ressuscitait Ses pouvoirs latents et devenait l'homme d'or. Une plante, par le processus de la photosynthèse, transforme l'air, l'eau, les substances chimiques et les enzymes de la terre en de nouvelles substances que nous appelons des noix, des fruits, des légumes, etc...

Voyons maintenant comment vous transformez les nombreuses impressions, les pensées, les concepts, qui se présentent à votre esprit au long du jour. Supposons, par exemple, que quelqu'un vous appelle « chameau ». Est-ce qu'à ce moment-là vous prenez la Sainte Communion ou bien devenez-vous négatif, furieux et plein de ressentiment ? et pourquoi donc en serait-il ainsi ? Etes-vous un chameau ? pourquoi permettriez-vous à quelqu'un de vous troubler ? pourquoi ne transformez-vous pas cette impression en une idée divine en prenant conscience que la paix de Dieu inonde l'esprit et le cœur de la personne qui vous a parlé. C'est ce qui s'appelle transformer les impressions. Etudiant en métaphysique, vous apprenez à absorber et à assimiler les vérités de Dieu. Si vous voulez recevoir le sacrement de l'Eucharistie, il vous faut transformer toutes les impressions de la vie qui se présentent à vous et vous assurer que seul ce qui est édifiant, agréable et digne est implanté dans votre esprit pour y être assimilé. Il faut changer vos réactions devant la vie ; ce n'est point d'absorber une hostie, ou de boire du vin qui va vous changer intérieurement. Si vos réactions envers la vie sont pour la plupart négatives, vous êtes séparé de Dieu et de tout ce qui est bon. Vous n'êtes point à l'unisson de l'Infini ; vous ne communiez point mentalement avec le Saint Unique, Dieu (la Sainte Communion).

Il est inutile de dire que Marie ou que Jean sont à blâmer parce qu'ils ont dit ou fait ceci ou cela. Ce qui importe c'est que *vous* vous

êtes permis d'être négatif. Vous avez permis
à un gangster assassin d'entrer dans le lieu
invisible, le lieu secret du Très-Haut. Car
vous vivez dans un monde intérieur, invisible,
le monde mental. Regardez autour de vous,
vous voyez une chaise, une table, un poste de
télévision peut-être ; les meubles de la pièce
dans laquelle vous vous trouvez. Est-ce que
vos pensées, vos sentiments, vos émotions, vos
craintes, vos doutes et vos espoirs n'ont pas
autant de réalité que ces meubles ? Si vous
vous permettez de vous identifier à une émotion négative, vous avez mangé une nourriture
malsaine. Il vous faut revenir à la Sainte
Communion et ramener votre pensée sur les
vérités éternelles, vous élever sur la Montagne
de Dieu en élevant votre activité mentale.

La Sainte Communion doit être une constante pratique par laquelle vous considérez
Dieu comme étant votre associé silencieux de
qui vous attendez la force, le soutien, les directives. La prière doit être une habitude,
une habitude par laquelle vous pensez, parlez
et agissez constamment selon les préceptes de
la Règle d'Or (1). Voici un critère qui vous
révèlera si vous avez vraiment reçu la Sainte
Communion dans toute sa signification spiri-

_____

(1) « Ce que vous voulez que les hommes vous
fassent, faites-le de même pour eux » Luc 6 : 31.
(N.T.).

tuelle : Avez-vous cessé de dire « Je Suis »
à toute pensée tout état d'esprit, tout sentiment, toute impulsion négatifs, à tout sentiment de colère, d'envie, d'antipathie ? Dites-
vous : je n'aime pas celle-là, j'ai du ressentiment envers celui-ci. Je suis déprimé. Je le
déteste. J'ai peur » ? Lorsque vous ajoutez
quelque chose de constructif à « Je Suis »
vous mangez le pain du Ciel. Vous créez tout
ce que vous ajoutez à « Je Suis ». Si vous dites « je hais » ou « j'ai du ressentiment »,
vous vous identifiez à une émotion négative,
destructive et, mentalement vous absorbez
une nourriture malsaine qui va vous empoi-
sonner spirituellement et physiquement. Lorsque vous marchez dans la rue, vous prenez
bien soin de ne pas poser le pied dans les
flaques d'eau malpropre. De même, lorsque
vous parcourez psychologiquement les ave-
nues de votre esprit, il convient d'éviter les
bas quartiers, là où rodent les gangsters, les
assassins de votre esprit : la peur, la mauvaise volonté, le ressentiment. Il vous est loisible
de refuser d'accompagner ces émotions négatives. Evitez-les comme vous éviteriez les ruel-
les sombres de votre ville. Lorsque vous étiez
enfant, votre mère vous a sans doute mis en
garde contre les mauvaises fréquentations ;
gardez-vous à présent des mauvaises fréquentations dans votre esprit. Ne permettez point
aux émotions négatives de vous toucher ; n'y

touchez pas non plus. Comprenez que ce qui
va mal est en vous, vous cesserez alors de
blâmer les autres.

Connaissez-vous l'histoire de cet Irlandais
qui était myope mais qui refusait des lunettes. Il disait sans cesse que ses yeux étaient
parfaits, mais il se plaignait constamment
des journaux, disant qu'ils étaient bien mal
imprimés. Quelles sont vos pensées lorsque
quelqu'un vous critique ou répand à votre
sujet des mensonges ? Observez votre réaction de très près. Est-elle agréable ? Si vous
vous êtes élevé jusqu'au niveau de l'Eucharistie, vous resterez impavide et calme, votre
nourriture sera le pain de la paix, de l'amour
et de la bonne volonté — c'est le pain du silence. En ce cas vous êtes parvenu à cet état
de conscience par lequel vous savez qu'autrui
ne peut ni vous nuire, ni vous troubler ; nul
ne le peut si ce n'est vous-même. Vous refu-
sez donc de manger de la négation. Vous êtes
plein de compassion pour celui qui vous ca-
lomnie et vous la poussez jusqu'à prier pour
sa paix et son illumination. Dites-moi à présent si vous avez bien reçu la Sainte-Com-
munion ? Entendez-vous ? Comprenez-vous ?
Voyez-vous clair ?

Les mots « Eucharistie », « Viatique »,
« Sainte-Cène », « Sainte communion »,
« Pâques », signifient tous la même chose. Les
Evangiles synoptiques (*Marc 14 : 22, Matthieu*

26, Luc 22 : 17), ont trait à la Sainte-Cène ; de même Paul au *I Corinthiens II : 23*. Dans les temps anciens, on prononçait sur le pain et sur le vin la bénédiction suivante au cours des repas Juifs : « Béni sois-tu, O Seigneur notre Dieu, Roi de l'Univers, qui tire le pain de la terre ». L'Eucharistie, sa cérémonie, ses rites, a dans ses formes premières, un élément commun aux repas Juifs qui étaient sanctifiés par l'action de grâces prononcée sur le pain et sur la coupe. « Nous sommes un seul corps : car nous participons au seul et même pain. » *I Corinthiens 10 : 17*. Pour Paul, l'Eucharistie signifiait la vérité de Dieu qui est aussi bien pour le Juif que pour le Gentil, un sacrement représentant l'unité de Dieu faite de tous les peuples. Le pain rompu en fragments et distribué aux fidèles était un gage de leur intime union.

« Jésus prit le pain, et après avoir prononcé la bénédiction, il le rompit et le donna à ses disciples en disant : Prenez, mangez, ceci est mon corps. Puis il prit une coupe et ayant rendu grâces, il la leur donna en disant : Buvez-en tous ; car ceci est mon sang, le sang de l'alliance, qui sera répandu pour un plus grand nombre en vue du pardon des péchés. » *Matthieu 26 : 26, 27, 28. The Book of Common Prayer* (le livre de Prière de l'Église d'Angleterre depuis la Réforme. N.T.) enseigne que tous les sacrements sont simplement

les signes d'un Chrétien « signes de la grâce
et de la bonne volonté de Dieu. » Le pain et
le vin sont les symboles de la substance et
de la vie divine (Voir *Steps in Prayer*, publié
en 1946). (1). Le pain et le vin sont automatiquement changés en chair et en sang par
l'Intelligence qui nous habite. Dans les temps
anciens, à l'époque des moissons, les gens
s'assemblaient pour partager et manger le
pain et pour boire le vin. C'est une forme
d'action de grâces, de gratitude, pour de belles moissons mais cela symbolisait aussi l'a-
mour, l'union des cœurs. Le pain est fait
d'une multitude de grains de blé qui représentent l'ensemble de nos pensées et de nos
émotions dans la contemplation de Dieu.
Pour faire le vin, nous écrasons et pressons
le jus de la grappe. Ce qui veut dire qu'il
nous faut entrer en nous-mêmes et exprimer
dans notre conscience la joie de la prière
exaucée. Le vin symbolise la joie, la coupe,
l'esprit réceptif, capable de recevoir et d'accepter la réalité de notre désir. Boire le vin
c'est être dans cet état d'esprit heureux,
joyeux, dans lequel vous répandez sur votre
désir, l'amour et votre sentiment profond,
dans lequel vous contemplez sa réalité. Le
pain et le vin sont de merveilleux symboles
de la prière. Le mot « pain » ne signifie pas

(1) Non traduit en français. (N.T.).

seulement l'aliment physique, mais aussi l'argent, le vêtement, et tout ce qui nous est nécessaire sur ce plan de la troisième dimension. De plus, le mot « pain » signifie la nourriture spirituelle, les pensées de paix, d'amour et de bonheur.

L'homme qui ne mange que le pain physique continue d'avoir faim. Le pain que vous donnez à autrui, que vous vous donnez à vous-mêmes c'est l'état de conscience noble, digne, divin. Il vous faut choisir des idées et des pensées qui guérissent, activent, bénissent, inspirent et élèvent l'esprit. C'est ainsi que vous mangez le pain du Ciel qui est la paix, le bonheur et la liberté. Ceux qui ne vivent que pour manger, ceux qui ne vivent que pour dominer les autres, ceux qui ne vivent que pour accumuler les honneurs et les richesses de ce monde, ceux-là auront faim. Ils négligent les nourritures spirituelles. Ils peuvent avoir toutes les richesses matérielles qu'ils souhaitent (et il faut noter que ces richesses matérielles ne constituent pas, par elles-mêmes, un empêchement au bonheur, à la croissance spirituelle) et cependant n'avoir ni paix de l'esprit, ni joie, ni bonheur. Car l'homme ne peut pas vivre sans amour, sans beauté et sans paix. Passer tout votre temps à la poursuite des biens matériels ne vous donnera que désillusions, souffrances et peines. L'homme devient froid, cruel, endurci et indifférent lorsqu'il s'éloigne de la nourriture spirituelle : l'amour, la bonne volonté, la charité, la bonté, la douceur de ce qui est beau. « L'homme ne vit pas que de pain mais de chaque mot qui sort de la bouche de Dieu. »

Lorsque la Bible dit : « Prenez et mangez ceci est mon corps », nous comprenons immédiatement que c'est au figuré et que cela ne doit en aucun cas être pris au sens littéral. Troward dit : « Ce qui est vrai se démontre. » Tout ce qui a forme, que ce soit une planète solaire ou le bureau devant lequel vous êtes assis, représente le corps de Dieu. Le monde entier est en réalité le corps, la forme de Dieu, Dieu manifesté. La matière c'est l'Esprit qui a pris forme, l'Esprit réduit au point de visibilité. Tout ce que nous mangeons à table peut être considéré comme étant le corps de Dieu, et tout ce que nous buvons, que ce soit du lait, du café ou du vin peut s'appeler le sang, la Vie de Dieu. Nous savons, bien entendu, que la nourriture que nous mangeons est consommée et transformée en énergie, en nouvelles cellules, en tout ce qui contribue à notre bien-être. La Bible est un document psychologique qui n'a trait qu'indirectement aux choses matérielles. Elle se sert de choses physiques, concrètes, pour représenter des états psychologiques. Lorsque la Bible parle du « corps » il s'agit de l'image mentale que vous entretenez, de votre idéal.

Lorsque cette image — cet idéal — est imprimée sur le subconscient, elle se manifeste exactement à la ressemblance de l'état d'esprit qui l'a nourrie. Par exemple, si votre idéal est de devenir une grande cantatrice cet idéal captive votre esprit et provoque un sentiment, un état d'esprit très agréable. Cet état d'esprit porte en soi le corps ou la forme de votre idéal. L'état d'esprit est le Père qui procrée son image sur le plan objectif. « L'extérieur est pareil à l'intérieur. » (*Voir Steps in Prayer*) (I). Le chêne est contenu dans le gland, tout comme la plante est contenue dans la semence. Autrement dit, le corps, la forme de la plante, est déjà dans la semence. Jésus dit : « Travaillez pour avoir, non l'aliment qui périt, mais l'aliment qui subsiste en vie éternelle. » *Jean 6 : 27* « Car le pain de Dieu, c'est le pain qui descend du ciel et qui donne la vie au monde. Ils lui dirent donc : « Seigneur, donne-nous toujours de ce pain là, Jésus leur dit, Je suis le pain de vie. » *Jean 6 : 33, 34, 35*. Le pain représente tout ce qui est spirituel, tel que la foi, l'espérance, la confiance en Dieu, qui proviennent des cieux de notre esprit et donnent vie à nos idées. Ces états d'esprit, ces sentiments représentent le pain du Ciel ; de pareilles attitudes mentales ont raison des

(1) Non traduit en français. (N.T.).

apparences, surmontent tous les témoignages
des sens. Le pain c'est la puissance intérieure
dont l'esprit illuminé tire d'inépuisables tré-
sors. La véritable signification de toutes choses est la signification spirituelle. Toutes choses physiques, extérieures, ne sont que les
ombres, les symboles des réalités spirituelles.
La vérité est le pain qui nourrit nos âmes,
rafraîchit notre esprit, transformant celui qui
le mange et qui ne change point. Philo dit,
au sujet de la « manne » allégorique, cette
nourriture céleste dont parle l'*Exode 16 : 15,*
(« le pain que le Seigneur vous a donné à
manger ») : « Ne comprends-tu pas ce que
c'est que la nourriture de l'âme ? C'est le
continuel Logos (Intelligence, Lumière, Idée
divine) de Dieu, qui descend sur l'âme, telle
une rosée, l'encerclant de toutes parts. » « Je
suis le pain de Vie » *Jean 6 : 35.* JE SUIS
est le nom de Dieu, c'est-à-dire la Vie, la
Conscience, la Présence sans forme et sans
visage qui est en nous, l'Esprit vivant tout-
puissant. JE SUIS est la première personne
du temps présent.

Festoyez dès maintenant en Dieu, nourris-
sez-vous du Bien. Réjouissez-vous de la réalité de votre désir. Continuez de vous en re-
paître mentalement jusqu'à ce que vous parveniez à l'acceptation, c'est-à-dire à la conviction de sa réalité. C'est alors que vous êtes
dans la plénitude, vous êtes entièrement nour-

ri de votre désir et tout est bien. Troward vous dit de toujours aller jusqu'au bout de votre prière ; lorsque vous avez imaginé et senti votre but, vous avez mis en action la manifestation de ce but. Si vous continuez à vous réjouir du fait accompli, le moment viendra où vous n'en sentirez plus le besoin ; c'est alors que vous pourrez dire, « Tout est accompli » ou « Amen ». Ces paroles de confirmation ont trait à l'état psychologique dans lequel vous sentez subjectivement que ce pourquoi vous avez prié est maintenant un fait en conscience. Vous n'en avez pas encore la preuve objective, mais vous ne vous souciez pas des résultats, parce que vous savez qu'au moment où vous y penserez le moins, la manifestation de votre désir apparaîtra. Vous vous tenez donc dans la certitude absolue, dans la conviction que la solution dont vous ressentez intérieurement la présence va obligatoirement se manifester.

En marchant dans la rue, en conduisant votre voiture vous pouvez manger le pain du ciel en ressentant en vous-même la Présence de Dieu. Vous savez que cette Sagesse-Dieu, cette Puissance-Dieu, peut surmonter, modifier et transformer quelqu'obstacle, quelque dissonance que ce soit dans le monde physique. Vous mangez le pain du ciel lorsque vous savez que c'est l'univers mental, l'univers spirituel qui est causal et que toujours,

le subjectif renverse l'objectif. Votre conscience constructive, pleine de foi et de confiance, supplante l'état d'esprit de crainte et
de pénurie, et votre réponse vous parvient.

Dans certains religions, la Messe est dite
pour répéter d'une façon véridique mais non
sanglante, la mort de Jésus. On l'appelle le
sacrifice du corps et du sang du Christ vraiment présent' à l'autel sous les apparences
du pain et du vin. La messe est offerte pour
les vivants et aussi pour ceux qu'on appelle
les morts. L'Église catholique croit que l'immolation mystique du Christ échappe à l'entendement humain, fini. La doctrine de la
transsubstantiation, selon laquelle l'hostie et le
vin se transforment en chair et en sang véritables de Jésus, ne doit pas être acceptée
littéralement. Lorsque le Psalmiste chante,
« Goûtez et voyez que l'Éternel est bon »
Psaume 34 : 8, il parlait de la réponse que
reçoit l'homme lorsqu'il tourne sa pensée vers
l'Intelligence divine qui est en lui. Cette réponse il la ressent, elle est douce et lui donne le sentiment de joie, de satisfaction profonde. Goûter c'est s'approprier. Lorsque vous
mangez mentalement une idée, vous en goûtez la saveur et vous vous réjouissez de sa
digestion.

Les versets suivants sont toujours cités par
ceux qui préconisent une interprétation littérale de la chair et du sang. « Celui qui

mange ma chair et qui boit mon sang a la vie éternelle ; et moi, je le ressusciterai au dernier jour. Car ma chair est vraiment une nourriture, et mon sang est vraiment un breuvage. Celui qui mange ma chair et qui boit mon sang demeure en moi, et moi en lui » *Jean 6 : 54, 55, 56*. Plusieurs de Ses disciples, l'ayant entendu, dirent « Cette parole est dure, qui peut l'écouter ? ». *Jean 6 : 60*. « Dès lors, plusieurs de ses disciples se retirèrent d'auprès de lui et cessèrent de le suivre » *Jean 6 : 66*. Dans le 63e verset du 6e chapitre de l'Évangile selon Jean, Jésus donne, à tous ceux qui ont des yeux pour voir et des oreilles pour entendre, toute l'explication de ce sujet. « C'est » dit-Il « l'esprit qui vivifie, la chair ne sert de rien ; les paroles que je vous dis sont esprit, et elles sont vie. » Autrement dit, Jésus parle figurativement, au sens psychologique. Ses paroles sont esprit, quelque chose que vous ressentez dans votre cœur ; c'est un mouvement de conscience. Ses paroles sont pleines de vie en ce sens que les idées qu'elles suscitent, que vous entretenez, vous animent, vous soutiennent, vous inspirent, vous élèvent. La chair ne sert de rien. La chair c'est la cérémonie extérieure, le rite, la formule, l'hostie, qui n'ont de sens que lorsqu'ils sont accompagnés d'un changement de conscience intérieur. La répétition machinale des prières est également dépourvue de

sens. La prière est un mouvement de conscience. Comme l'a dit Emerson, « C'est la
contemplation des choses depuis le point de
vue le plus haut » et Socrate en donne une
définition exacte dans le *Phédon* de Platon en
disant : « Que l'homme extérieur et l'homme intérieur ne fassent plus qu'un ». Lorsque Jésus dit « C'est l'esprit qui vivifie », Il
parle d'un sentiment intérieur, d'un signe intérieur de la grâce. La grâce, c'est le sentiment profond de l'harmonie et de l'amour.
Lorsque l'harmonie extérieure révèle l'harmonie intérieure, vous vivez dans la « grâce » quels que soient les troubles ou les chocs
qui ont lieu à la périphérie de votre vie ; si
vous vivez maintenant dans la « grâce », vous
vous tournez vers le Centre Divin de votre
être pour y demeurer dans la paix et dans
la confiance, y puisant la force et la puissance qui vont renverser tous les obstacles.

Je connaissais un homme qui était un très
brillant chimiste. Il rêvait constamment et
voyait au cours de ses rêves de nouvelles in-
ventions, de nouvelles formules, de nouvelles
découvertes. Il les repoussait. Un jour il me
dit : « J'ai rêvé cette nuit d'une formule qui
me fût donnée en détail », je lui répondis :
« C'était peut être la réponse à votre problème de synthèse actuelle ». Il me rit au nez
et me dit : « Mais voyons, c'était un rêve ».
Cet homme-là allait recevoir la Sainte Com-

munion trois fois par semaine ; après avoir avalé l'hostie, il se sentait plein de bienveillance, heureux, radieux pendant plusieurs heures, jusqu'à ce que quelqu'un critiquât son travail ou que quelque chose n'allât pas à son gré, alors il se mettait en colère.

Un jour je lui expliquai en détail pourquoi il se sentait si bien après avoir reçu l'Eucharistie. Voici ce que je lui dis : « Vous croyez que vous mangez vraiment la chair et le sang du Christ lorsque vous avalez cette hostie, ce qui agit puissamment par auto-suggestion sur votre subconscient, lequel répond en vous donnant ce sentiment de bien-être, de joie intérieure. Ce nouvel état d'esprit est dû à votre attitude expectative, vous avez préparé votre esprit à recevoir « la grâce » et il vous est fait selon votre foi. En réalité vous êtes esclave d'une hostie, vous en dépendez complètement pour la paix et la sécurité de votre esprit. En d'autres termes, vous êtes victime de la suggestion. Supposons que vous vous trouviez en première ligne d'une bataille, ou bien que le paquebot ou l'avion dans lequel vous vous trouviez soit en danger, que feriez-vous ? Où prendriez-vous la force, le réconfort, les directives, la protection dont vous auriez besoin ? » Puis je lui expliquai qu'il pouvait entrer en contact avec Dieu en lui-même, par sa propre pensée, et qu'il recevrait une réponse immédiate car, comme le dit Troward, la nature même de l'Intelligence Infinie est « sensibilité ». Je dis à mon ami qu'il pouvait, par la méditation, c'est-à-dire par l'absorption, par l'injection mentale d'une idée, provoquer un sentiment de paix, de confiance, même d'extase.

Je lui contai l'histoire d'un soldat de la première Guerre mondiale, qui s'était, à un moment donné, trouvé tout seul dans sa tranchée, entouré d'ennemis. Ce soldat récita lentement les paroles du Psaume vingt-troisième. Il les buvait, croyant de tout son cœur que Dieu était son berger, le protégeant, prenant soin de lui. Il s'en remit à cette invisible Présence pour le conduire en lieu sûr. Un terrible orage ne tarda pas à se déchaîner et le bataillon ennemi se retira à plusieurs kilomètres ; ce jeune soldat, sauvé par une force, une confiance intérieures, marcha pendant vingt kilomètres dans la forêt et retrouva ses camarades.

Ce soldat m'avait raconté qu'au moment où il priait disant : « L'Éternel, Dieu, est mon berger... il me conduit au bord des eaux tranquilles », une vague soudaine de paix et de réconfort s'était emparée de tout son être et il s'était élevé spirituellement. Cet homme là avait reçu la Sainte Communion. Il s'était tourné vers la Puissance divine de sa pensée, et il avait reçu une transfusion du Saint Esprit qui lui donna, intérieurement, une at-

mosphère de force, de calme. Il ne dépendait
point d'une hostie ou de vin, qui restent fa-
rine et vin quelles que soient les prières que
l'on récite sur eux. Ils se changent, bien entendu, en chair et en sang dans votre corps ;
leur substance est changée par le Grand Chimiste qui en fait de nouvelles cellules, des
nerfs, des tissus, des muscles et du sang. Ils
deviennent la chair de votre chair, l'os de vos
os, au sens physique.

Après de nombreuses discussions, mon chimiste se passionna pour ce que je lui dis
et à présent il enseigne aux autres la Puissance cachée en chacun de nous.

Manger le corps, boire le sang a trait uniquement aux transformations psychologiques,
et à rien d'autre. Commencez dès maintenant
à pratiquer l'art de transformer les impressions qui se présentent à vous au cours de la
journée. Commencez à penser d'une manière
nouvelle et vous deviendrez un homme nouveau. Tant que vous ne changerez point votre pensée, rien ne changera. Et changer votre vie ne signifie point le changement des
circonstances et des conditions extérieures, il
s'agit de transformer toutes vos réactions mentales et émotionnelles envers la vie. Réagis-
sez vous toujours de la même manière vis-à-
vis des gens, des nouvelles, des circonstances ? Surveillez vos réactions dès aujour-
d'hui. Voyez si elles sont pour la plupart né-

gatives. Dans ce cas vous ne mangez point le
pain du Ciel, parce que vous ne transformez
pas les impressions qui vous parviennent.
Vous ne devez jamais permettre aux nouvelles, à la propagande, à la critique, aux dires
d'autrui, de provoquer en vous des réactions
négatives. Lorsque vous êtes tenté de réagir
négativement, arrêtez-vous sur-le-champ et dites : « Dieu pense, parle et agit à travers
moi » ; une grande vague de paix vous en-
vahira. C'est cela le pain du ciel, mangez-en
tout au long du jour. Rendez l'amour pour la
haine, la paix pour la douleur, la bonne volonté pour l'envie, et tandis que vous vous y
appliquerez, une paix intérieure s'emparera
de vous, et ce sera l'acte sacramentel c'est-à-
dire votre accord avec le bien.

En nous tournant vers l'Esprit qui demeure en nous, nous recevons la nourriture et la
puissance ; c'est le pain du silence, le pain
de l'amour et de la paix. En absorbant ce
pain là, cette merveilleuse nourriture intérieure, nous n'aurons plus jamais faim, nous
ne faillirons plus, nous ne serons plus jamais las. Continuez de manger de ce pain de
la droiture divine, le pain de la pensée juste, des sentiments et des actions justes. Vous
en tirerez d'énormes dividendes.

Dans l'Oraison Dominicale (appelée en anglais « la prière du Seigneur » N.T.) nous
lisons, « Donne-nous aujourd'hui notre pain

quotidien » *Matthieu 6 : 11*. La prière du
Seigneur antidate le Christianisme et nous
vient d'une antique prière Juive appelée *le
Kadish* qui indique que la signification véritable du pain était universellement connue.
Nous tourner vers Dieu comme étant la source universelle de tous nos biens, sachant qu'ils
nous appartiennent dès maintenant et qu'il
y a toujours à cette provision divine, un divin surplus, signifie que nous revendiquons
notre « pain quotidien », qui nous a été donné depuis la fondation du monde. L'homme
extérieur, comme l'homme intérieur sont à
jamais nourris par la sagesse et par l'amour
de Dieu. L'âme de l'homme aspire à la sagesse, à la vérité et à la beauté, qui constituent la nourriture des sages. Les idées de
Dieu sont infinies. Il vous appartient de partager ces idées avec d'autres, rompant ainsi
le pain de Dieu pour le partager avec tous
ceux qui ont faim. Ce Christ en vous est
le vrai pain de vie. Paul dit : « Le Christ
en vous, l'espérance de la Gloire ». Le Christ
c'est la présence de Dieu en tous les hommes. La fête du pain et du vin est appelée
Sainte Cène (en anglais « le dernier sou-
per » N.T.), parce que c'est le dernier repas psychologique auquel vous participez
avant de passer de la douleur à la paix,
ou de la limitation à la liberté. Encore
une fois, la solution de votre problème, voilà

votre sauveur. Il y a quelques années, une
de mes étudiantes, une actrice, était depuis
longtemps sans engagements. Je lui expliquai
la Sainte Communion. Elle me dit qu'elle la
recevait toutes les semaines à l'Église mais
qu'elle n'en restait pas moins sans emploi et
dans le besoin. Cette dame n'avait pas trouvé
son sauveur. Je lui donnai une nouvelle idée
qui pénétra son esprit : « Prenez et mangez,
ceci est mon corps » ; elle comprit à la faveur
de mes explications que la signification du
mot « corps » est que la plante est contenue
dans la semence, de même que l'arbre est
tout entier dans la graine ; le désir contient
la forme de son expression. Troward le dit
excellemment ainsi : « Le désir, (l'idée) possède ses propres mathématiques et son mécanisme aussi. Lorsque vous plantez une graine vous ne lui ajoutez point de force ni d'é-
nergie, vous la placez dans le sol et elle pous-
se par ses propres moyens ». La personne
dont je vous parle mangea le corps du Christ
en acceptant, dans son esprit, l'idée d'un contrat. L'idée par elle-même est statique, morte,
il faut lui donner vie, il faut l'animer. Cette
dame étant une artiste, était très sensible et
comprit très vite. Elle prit conscience d'avoir
à prendre la coupe pour boire le vin, le Sang,
ce qui est le sens figuré pour dire qu'elle
devait susciter en elle-même l'enthousiasme,
le sentiment du fait accompli ou, pour citer

encore Troward qu' « Il nous faut entrer dans l'esprit de notre désir ». L'esprit c'est toujours l'animation, le mouvement de conscience, la chaleur, la vie de l'idée. C'est ce qui anime aussi bien un sportif qu'un artiste, un musicien qu'un homme en prière. Mon étudiante but le vin de vie en absorbant la réalité de son idée et en ressentant le frémissement, la merveille de son accomplissement. Elle se mit à imaginer que je la félicitais sur son merveilleux contrat, répétant ceci pendant trois ou quatre minutes deux ou trois fois par jour. Elle entendait ma voix, et ressentait une joie profonde.

La fréquence de cet exercice, de sa concentration sur cette image mentale (voir le chapitre intitulé « imagination » dans mon livre *Believe in Yourself*) (1) en imprégna l'idée sur son subsconscient et avant la fin du cours, elle avait un contrat magnifique lui assurant un salaire fabuleux. Jésus prenant le pain et le bénissant représente votre idée, votre désir, votre projet, votre entreprise, votre souhait, ce que vous voulez être, ce que vous souhaitez faire ou posséder. Le désir, l'idée, c'est l'élément mâle ; il faut que vous buviez la coupe qui représente le sentiment, l'esprit réceptif recevant. La coupe c'est le cœur, le subjectif en l'homme, siège des émo-

(1) Non traduit en français. (N.T.).

tions et des sentiments. En d'autres termes,
il faut que s'accordent, pour ne plus faire
qu'un, la pensée et le sentiment, le mari et
la femme, l'idée et l'émotion ; c'est alors que
votre prière est exaucée. Autrement dit, chaque fois que votre conscient et votre subconscient se synchronisent, s'unissent sur une
idée ou sur un désir, cela est établi et se manifeste. Cela peut s'expliquer de nombreuses
façons et pourtant cela revient toujours au
processus simple et universel de la prière.
C'est le sentiment, la nature émotionnelle
subjective de l'homme et de la femme qui
accepte l'idée ou le désir, et lui donne forme
et fonction.

Vous avez vu dans certaines cathédrales
des saints portant leur tête contre leur cœur.
Ceci symbolise l'union de l'esprit et du cœur
dans la prière ; en langage biblique, c'est le
corps et le sang du Christ ; le mot Christ
vient, vous le savez, de Logos c'est-à-dire Je
suis, Dieu, le principe de Vie qui nous anime.
Autrement dit, le principe de Vie agit à travers le Christ. Vous êtes le Christ lorsque
vous savez que la pensée et le sentiment
créent votre destinée ; c'est alors que vous
avez découvert la sagesse et Quimby appelle
la sagesse — Christ ; sachant que « les pensées sont des choses » et que votre nature
sensible c'est l'Esprit de Dieu, vous pouvez
par conséquent, surmonter tous les obstacles

et vous délivrer vous-même de tout découragement, de toute pénurie, de tout désespoir.

Quand le prêtre met du vin dans le calice et y ajoute ensuite de l'eau, il symbolise ainsi l'union de l'esprit avec la sagesse. Le vin, généreux et fort, représente les qualités, les attributs et les puissances de Dieu ; l'eau, l'esprit qui est toujours en mouvement. C'est le mariage, l'union de l'amour avec la sagesse qui engendre la science de la santé, du bonheur et de la paix de l'esprit, dont parla Quimby il y a cent ans. La signification véritable des paroles que prononce le prêtre lorsqu'il distribue la Sainte Communion est rarement comprise : « Que le corps de notre Seigneur Jésus-Christ préserve ton âme jusqu'à la vie éternelle ». En voici l'interprétation correcte : L'idée, la connaissance, la conscience que votre propre JE SUIS est le seigneur Jésus Christ, vous permet de préserver votre âme, votre subconscient, de toute influence négative lorsque vous n'attachez plus ce qui est négatif au Je Suis. Jésus veut dire JE SUIS ou Dieu en vous. Christ signifie Sauveur. Votre JE SUIS, Dieu, est votre sauveur. Traduit du Grec ou de l'Hébreu, tout cela veut dire qu'il s'agit de reconnaître en nous-mêmes la présence de Dieu, de l'accepter, de se mettre à son diapason, et la sainte présence nous guérira, nous bénira, exaucera notre prière et résoudra tous nos

problèmes car « avec Dieu toutes choses
sont possibles ».

Tandis que le prêtre se lave les mains pendant la Messe, il dit, « Seigneur, j'ai aimé la
beauté de Ta maison et le lieu où demeure Ta
gloire ». Vous êtes la maison de Dieu et sa
beauté indescriptible vous habite, et sa gloire
c'est-à-dire son intelligence et sa sagesse infinies, sont aussi en vous, attendant que vous
leur fassiez appel. Vous adorez sa beauté et
sa gloire lorsque vous vous tournez vers Dieu
dans l'amour plein de piété et dans la reconnaissance de sa souveraineté absolue. En
considérant la puissance spirituelle comme
étant la source de votre santé, de votre richesse, de votre énergie, de toutes choses,
vous l'adorez. Nous avons tous constamment
besoin de la Sainte Communion, besoin de
nous unir avec l'Esprit qui nous habite. Nous
avons besoin de dédier nos vies et nos actes à Dieu. La force intérieure et la foi en
Dieu constituent notre plus grande défense
contre les empiétements des pensées négatives, contre la pression de la vie extérieure.

Si vous voulez boire le sang du Christ, si
vous désirez trouver le Saint Graal, vous le
trouverez dans votre propre cœur qui a été
appelé la Chambre de Sa Sainte Présence.
Ouvrez dès à présent votre esprit et votre
cœur et laissez entrer l'influx du Saint Esprit.
Prenez place au grand banquet psychologi-

que, mystique, en méditant sur l'amour, la lumière, la sagesse la puissance et la paix. Vous verrez votre cœur (la coupe) se remplir jusqu'au bord du sang du Christ, la vie même des vérités que vous contemplez. « Buvez tous. » C'est l'amour de Dieu surgissant du fond de votre cœur. Faites passer aux autres cette coupe mystique. Vous le faites lorsque vous vous réjouissez de l'amour et de la beauté de Dieu se répandant à travers tous ceux qui vous entourent et à travers tous les hommes du monde entier. Prenez conscience en votre cœur, tandis que vous marchez dans la rue, en pénétrant chez vous ou dans votre bureau que tous ceux que vous rencontrez prennent part à cette coupe d'amour, de lumière et de vérité. C'est alors que vous bénirez autrui, et, en priant de cette façon, vous demeurerez toujours dans la joie des bonnes œuvres. A présent, vous portez témoignage au Christ vous attestez le Saint, l'Unique, intérieur, parce que votre cœur est plein d'amour et de bonne volonté. Buvez jusqu'à la dernière goutte de la coupe. C'est la rosée du Ciel et vous allez vous trouver dans un état d'indescriptible béatitude. Vous êtes mort à votre ancien état, vous vivez dans un état de conscience nouveau.

« Ceci est mon sang, le sang de la nouvelle alliance qui est répandu pour la rémission des péchés » *Matthieu 26 : 28.* Parvenu à ce point, vous savez que pour vous transformer réellement ou pour guérir autrui, il faut répandre votre sang, c'est-à-dire donner la vie à l'idée, l'activer, la charger de sentiment. A présent vous vous consacrez à cette nouvelle idée, et l'idée ancienne meurt parce que vous détournez d'elle votre attention. Vous témoignez d'un nouvel état, et vos péchés sont remis, pardonnés. Pécher, nous l'avons dit c'est manquer son but, c'est ne pas faire la réalisation de son désir. Tant que vous désirez quelque chose, vous péchez, parce que vous n'avez pas réalisé votre désir. Dès que vous entrez dans la réalisation de l'acceptation mentale complète de votre désir, le sauveur, le Christ est né et vous êtes en paix. C'est ce qu'on appelle le sang de la nouvelle alliance, ce qui veut dire que vous témoignez d'un nouvel état de conscience.

Si par exemple, votre mère est malade, il faut que vous répandiez votre sang sur la croix pour lui venir en aide. Il est, bien entendu, insensé de prendre ces termes dans leur sens littéral. Les paroles de la Bible sont allégoriques, figuratives et psychologiques. En 1921, j'entendis un homme, à Hyde Park, à Londres, dire quelque chose de semblable, et j'en fus surpris ; mais peu après, je compris fort bien ce qu'il voulait dire ; l'idée de la santé est une réalité — elle est de Dieu. Par conséquent, vous prenez la requête de votre mère (sa croix) et vous la faites vôtre, vous entrez en vous-même jusqu'à Dieu, disant et affirmant : « C'est ici que se trouve le lieu secret de toute béatitude, de toute joie, de tout bonheur, de toute perfection, de toute gloire, de toute lumière et de tout amour ». Tandis que vous donnez vie, amour, et sentiment profond à l'idée de la perfection de votre mère, tandis que vous déclarez que ce qui est vrai en ce qui concerne Dieu l'est aussi de votre mère, vous répandez votre sang (vous donnez vie à l'idée de la santé, de l'harmonie et de la paix). Vous continuerez de répandre votre sang en occupant fréquemment votre esprit à prier ainsi, jusqu'à ce que vous mouriez à la croyance en sa maladie, jusqu'à ce que vous ressuscitiez votre conviction de ce qu'il en est, en Dieu et au Ciel. Puisqu'il n'y a qu'un Entendement, ce que vous ressentez comme étant vrai dans cette atmosphère de santé et de paix sera ressuscité en votre mère. Vous êtes mort au Golgoltha (le lieu de l'imagination et du sentiment) et avez répandu votre sang pour votre mère et pour la rémission de ses péchés. Son péché (la maladie) a disparu et la santé est ressuscitée. Vous avez subi la crucifixion ; vous avez passé du conscient, la croyance en la maladie, à la croyance subjective en la santé parfaite. Vous avez réussi à faire pénétrer dans votre subconscient l'idée de la santé parfaite, par la répétition, la foi et l'expectative. C'est cela la crucifixion.

Voilà ce qui doit être crié sur les toits. Il faut cesser de dire que les Juifs ont tué notre sauveur. Il faut révéler la Vérité à tous les hommes, leur dire que tout homme est son propre sauveur parce que Dieu l'habite. Il faut cesser de perpétrer les haines sociales et religieuses qui continueront tant que nous' enseignerons le sens littéral de la crucifixion. Lire littéralement la Bible, c'est lire un document monotone, sadique, qui donne l'impression que Dieu est un Moloch qui se repaît de sacrifices sanglants ! Allez prendre l'agneau pour vos familles et immolez la Pâque » *Exode 12 : 21.*

Nous sommes ici en présence du même drame que celui de l'Eucharistie — La Sainte Cène, la Sainte Communion. Vous prenez un agneau, ce qui veut dire que votre désir sort de votre conscience. Il faut tuer le désir en s'identifiant à lui, en absorbant sa réalité comme une éponge absorbe l'eau. Votre désir est à présent une vivante conviction, vous avez répandu sur lui le sang de l'agneau. Le sang de l'agneau c'est tout simplement votre état d'esprit, rempli de foi et de confiance, c'est la capacité que vous avez d'imprégner votre subconscient de votre désir, par le sentiment de sa réalité. Vous répandez le sang sur la porte de vos sens et tous les Égyptiens (les pensées négatives) sont détruits.

Oignez vos cinq sens du baume de la sagesse et de l'intelligence de Dieu, et, tandis que vous vous éveillez à votre puissance intérieure, vous mettrez sur toutes choses le Sceau de Dieu. De sorte qu'aucun mal ne vous adviendra, aucun fléau n'approchera de votre demeure (1). Vous êtes à présent marié à Dieu, c'est-à-dire que vous lui êtes uni mentalement et émotionnellement ; à Dieu et à tout ce qui est bon. « Votre coupe déborde et le bonheur et la grâce vous suivront tous les jours de votre vie » *Psaume 23 : 5,6.*

(1) Allusion au Psaume 91. (N.T.).

CHAPITRE V

LES SAINTS ORDRES

TECHNIQUES POUR L'ÉPANOUISSEMENT SPIRITUEL

Entrez dans les saints ordres et les miracles vont commencer d'apparaître dans votre vie. Vous vous conférez à vous-même les saints ordres lorsque vous commencez à pratiquer tout au long du jour la présence de Dieu ; chaque fois que votre attention s'égare, ramenez-la à la contemplation de Sa Sainte Présence en toutes choses, en tous, partout. Vous êtes alors une force vivante, curative. Vous êtes « ordonné ». Vous ne pouvez plus être craintif ou timide (car vous êtes dans les saints ordres — sous les ordres du Saint Unique — Dieu).

Certaines églises enseignent que Jésus institua les saints ordres lorsqu'au cours de la Cène Il dit à Ses disciples : « Faites ceci en mémoire de moi. » *Luc 22 : 19.* « Les péchés que vous remettrez seront remis, les péchés que vous retiendrez seront retenus. » *Jean 20 : 23.* « Tu es prêtre pour toujours, à la manière de Melchisédech. » *Psaume 110 : 4.* « Sans père, sans mère, sans aïeux, sans commencement de jours ni fin de vie — qui est enfin tout à fait assimilé au Fils de Dieu — ce Melchisédech, dis-je, demeure sacrificateur à perpétuité. » *Hébreux 7 : 3.*

Le nom Melchisédech symbolise Dieu, la divinité qui demeure en vous. La Présence-Dieu n'a ni père, ni mère ; il est donc parfaitement simple de comprendre que vous êtes vous-même le prêtre.

Dans le septième chapitre des *Hébreux* vous lisez que Melchisédech est Roi de la droiture, Roi de Salem, c'est-à-dire de la Paix. Vous êtes le grand prêtre, et l'offrande ou le sacrifice, c'est votre désir ; ce qui revient à dire que vous remettez votre idéal à votre esprit profond, le subconscient, le grand Ingénieur qui, en temps voulu vous en donne la manifestation. Le prêtre est un médiateur, vous l'êtes sans cesse, c'est-à-dire que vous provoquez, par la prière scientifique, un état divin dans votre esprit.

En lisant ces pages, vous vous dites, « Je veux la victoire sur cette difficulté, ou bien sur cette maladie ».

Les auditeurs de la radio m'entendirent récemment parler de la façon dont une jeune fille se guérit d'un cancer. Elle se répétait fréquemment dans un sentiment de profonde conviction, « Seul Dieu et Son amour agissent dans chaque atome de mon être ». Elle se remplit l'esprit de cette vérité, et son médecin la félicita de sa grande foi. Cette jeune fille était un prêtre qui offrait son sacrifice, ce qui veut dire qu'elle se détournait de son problème pour se pénétrer du sentiment, de la conscience de la santé qui était son sauveur, son salut. Elle était le médiateur entre le visible et l'invisible. Elle fit appel à la guérison invisible qui répondit à sa foi et manifesta la santé parfaite dans son corps. Son attitude mentale faite de réceptivité, d'acceptation et de foi, l'enleva à cet état de souffrance et de douleur jusqu'à la santé et la paix de l'esprit.

Peut-être avez-vous des désirs dont vous n'êtes point encore parvenu à faire la réalisation. Devenez un vrai prêtre afin de résoudre le conflit. Votre sentiment c'est le prêtre qui vous permet de déplacer votre conscience d'un état à un autre. Si, par exemple, vous considériez votre problème, vous verriez qu'il contient la solution, la réponse sous forme d'un désir. La réalisation de votre désir vous sauvera. Si, par exemple, vous êtes pauvre, commencez dès à présent à vous sentir riche ; imaginez l'opulence, épousez-en l'esprit. Imaginez et sentez que vous êtes riche et prospère. Ce faisant, vous êtes le prêtre médiateur, celui qui fait la paix entre ce que vous êtes à présent et ce que vous voulez être. Vous découvrirez que le sentiment de la richesse la provoque. Vous vous êtes débarrassé de l'état d'esprit de pauvreté pour celui de l'opulence. Vous êtes le « Roi de la droiture », ce qui veut dire que vous pratiquez la pensée juste, le sentiment et l'action justes. Vous êtes un roi parce que vous avez la pleine maîtrise sur le royaume de votre esprit. Vous avez le pouvoir de commander à vos pensées afin qu'elles vous obéissent instantanément. Vous savez qu'il existe toujours un moyen lors de toute difficulté, qu'il y a toujours une réponse à un problème. Lorsque la peur, la croyance en un autre pouvoir que celui de Dieu, la rumeur, la propagande ou les nouvelles tendancieuses assaillent votre esprit de toute leur force, rappelez-vous à l'instant que vous êtes un prêtre de Dieu, que vous êtes dans les saints ordres pour ramener l'harmonie, la santé et la paix en tous lieux. Il faut que vous demeuriez absolument fidèle, absolument attaché à votre idéal. Tandis que vous continuez de fixer votre but, vous vous élevez mentalement et vous allez entrer dans l'état de conscience de la prière exaucée.

Au moment de l'ordination, l'évêque dit au futur prêtre : « Recevez le pouvoir d'offrir à Dieu le sacrifice, d'offrir la messe pour les vivants et pour les morts au nom du Seigneur.

Amen ». Après avoir récité le Credo, l'évêque
pose sa main sur la tête du prêtre et dit :
« Recevez le Saint-Esprit, vous pardonnerez
les péchés commis envers Lui ; à ceux auxquels vous les retiendrez, ils seront retenus ».
Vous recevez le Saint-Esprit lorsque vous ressentez votre union avec Dieu et avec tout ce
qui est bon. Par la connaissance des lois de
l'esprit vous avez le pouvoir de pardonner les
péchés parce qu'il vous suffit de vous identifier émotionnellement à votre désir — c'est
cela frapper au centre de la cible. Vous avez
cessé de pécher, de manquer le but de la vie.

Je vais à présent vous interpréter le Credo
des Apôtres. Il fut formulé au début du qua-
trième siècle, au moment où la Chrétienté
avait à lutter pour défendre les dogmes. Pendant les trois premiers siècles la Chrétienté
accomplit son travail le plus efficace dans
l'art de la guérison, résultant de la religion
pure, exempte de toutes définitions rigides.
Les premiers chrétiens connaissaient la vérité, ils n'avaient donc pas besoin de se querel-
ler au sujet de définitions et de dogmes. On ne
discute pas la vérité que l'on comprend.
« Vous connaîtrez la vérité et la vérité (elle-
même) vous affranchira ». Les rationalisa-
tions, les credos et les formules n'ont point
de puissance curative. La vérité, même lorsqu'elle reste ·informulée, a sa puissance propre. La vérité vient d'abord, la pensée qui la

concerne, ensuite, pour l'expliquer et l'enseigner.

Taylor compare ce qu'il appelle le credo chrétien au credo païen, et le moins qu'on puisse en dire est qu'ils se ressemblent étrangement. Le credo de Nicée, 325 A D, était un exposé oriental de ce qui est appelé aujourd'hui le credo des Apôtres. Rome se détache de l'Eglise Orientale qui était plus mystique.

1. Je crois en un seul Dieu, le Père Tout Puissant, créateur du ciel et de la terre et de toutes choses visibles et invisibles.
2. Et en Jésus-Christ son fils unique notre Seigneur qui a été conçu du Saint-Esprit.
3. Est né de la Vierge Marie.
4. A souffert sous Ponce Pilate.
5. A été crucifié.
6. Est mort, a été enterré.
7. Est descendu aux enfers.
8. Le troisième jour il est ressuscité des morts.
9. Il est monté au ciel.
10. S'est assis à la droite de Dieu, le Père Tout-Puissant.
11. D'où il viendra juger les vivants et les morts.
12. Je crois au Saint-Esprit, à la communion des saints, à la rémission des péchés.

La façon la plus simple de considérer ceci est de prendre conscience que vous êtes Jésus-Christ lorsque vous commencez à pratiquer la présence de Dieu. Jésus est votre raison, votre intellect illuminé. Le Christ c'est la présence de Dieu dans les profondeurs de votre inconscient. Lorsque vous vous servez harmonieusement de votre conscient et de votre subconscient, vous êtes Jésus-Christ en action. Votre conscient et votre subconscient sont des projections du « Je suis » Dieu en vous. Le mot fils veut dire expression — vous êtes un fils, une expression. La Pensée Nouvelle, la métaphysique chrétienne, insiste sur la distinction qui existe entre Jésus (la raison illuminée) et Christ (le moi subjectif). « Moi et le Père » signifie une identification parfaite exprimée dans la déclaration : « Celui qui me voit, voit aussi le Père ». Le Saint-Esprit procède du Père et du Fils. Tout ce qui vous émeut est votre esprit — votre Dieu.

Dieu est la première personne (esprit).

Le fils est la seconde personne (la conception mentale, l'idée, l'image, le désir).

Le Saint-Esprit est la troisième personne (le mouvement de l'esprit relatif à votre désir et à votre union avec lui).

Le symbolisme caché de la Naissance Vierge (celle de Jésus) et de l'Immaculée Conception (la naissance de Marie) est le suivant :

Anne, mère de Marie, représente la conscience de l'amour, exempte du sentiment de séparation d'avec Dieu (« péché originel » — séparation psychologique d'avec Dieu). Et

nous incarnons tous ces phases de conscience.
Anne, Marie et Jésus représentent des états
de conscience. L'état de conscience Jésus est
né d'une conscience vierge, c'est-à-dire qui
n'est point altérée par le monde. « Il souffrit
sous Ponce Pilate », veut dire que votre raison, votre intellect, le gouvernement de votre
univers, attaquent votre nouvelle conception
(Jésus) qui vous sauverait, (qui sauverait votre désir). Le conscient, borné, cherche à maî-
triser, à limiter, à entraver le moi subjectif.

La crucifixion c'est lorsque votre nouvelle
conception de Dieu est acceptée par votre
esprit ; c'est alors que le peuple de votre esprit (les pensées, les concepts) crie : « Cru-
cifiez Barrabas, gardez Jésus ». Ce qui signifie que vous devez garder ce qui vous sauvera et vous bénira mentalement. Laissez aller
les concepts négatifs, les fausses croyances.
(Barrabas).

La croix indique que vous « pendez » toujours vos idées sur la branche perpendiculaire qui est la conscience infinie, sans bornes. La mort et la naissance ne font en réalité
qu'un — vous disparaissez et réapparaissez
sur un autre plan de conscience.

« Il descendit aux enfers », veut dire que
votre nouveau concept (Jésus) doit pénétrer
le niveau subjectif par la pensée et par le
sentiment. C'est alors que la sagesse subjective prend le commandement, sans que vous

ayez à vous en soucier, pour régner à la droite du Père (la forte conviction subjectivement
assurée). « Il viendra juger les vivants et les
morts », si vous avez laissé mourir vos idéals,
vos désirs profonds, Jésus les réveillera. Jésus (la conviction de la sécurité) retirera de
votre conscience tout doute, tout découragement.

Croire à la communion des Saints c'est se
mettre au diapason des idées saintes (les
saints), c'est rejeter les mauvaises vibrations
(les fausses croyances, les craintes, les doutes).

Le credo des Apôtres c'est en réalité le drame de votre conscience, et les personnages
dont il est question sont tout simplement des
états de conscience. Lorsque vous recevez les
Saints Ordres, l'ordination, vous devenez le
prêtre d'une sagesse, d'un enseignement qui
va transformer toute votre vie et qui va vous
apporter la paix et le bonheur. Vous devenez
le ministre du Christ et le Christ signifie la
connaissance de Dieu ; la sagesse, la vérité et
la beauté de Dieu. Vous allez donner à tous
les hommes la sagesse — Christ, qui, lorsqu'ils l'auront acceptée, les transformera.
C'est la vérité, la science de la santé, du bonheur et de la paix de l'esprit.

Vous recevez ce sacrement lorsque vous recevez de Dieu votre mission. C'est ce qui
s'appelle la vocation. Ce sacrement est un
sentiment, un état d'esprit, une aspiration,

un désir brûlant de vous unir à votre Père qui est au ciel ; à tout ce qui est bon. Vous êtes dans les ordres afin de révéler les œuvres de Dieu. Dieu vous enseigne ; vous êtes sous ses ordres afin de manifester l'intégrité, la paix, la beauté et la perfection.

Dans mon livre « Fragrance de Dieu », (1), j'ai donné une explication complète du rite de l'ordination. En temps que ministre, vous devez répandre la sagesse. La sagesse est plus précieuse que les rubis et tout ce que vous pouvez désirer ne peut se comparer à elle. La sagesse nous tiendra lieu de tout ; c'est la perle de grand prix. Voilà pourquoi le professeur de métaphysique abandonne volontiers les choses de moindre importance pour celles qui sont essentielles. Il consacre tout son temps à dispenser la sagesse, la lumière de Dieu, aux hommes. En temps que ministre de Dieu ses yeux doivent se fixer dans la contemplation des gloires et des beautés de Dieu, ses mains sont consacrées pour exécuter la douce mélodie de Dieu.

Les mains symbolisent la direction. Avec vos mains vous façonnez, vous moulez et donnez forme à la substance. Il faut à présent que vous façonniez, que vous donniez forme à toutes vos pensées, à toutes vos paroles et à tous vos écrits à la gloire de Dieu. Vos pieds

(1) Non traduit en français. (N.T.).

doivent vous porter au service de l'amour et
de la miséricorde de Dieu. Vous devez enseigner à autrui à sortir psychologiquement
de la pauvreté pour entrer dans la plénitude,
de la douleur pour entrer dans la paix, de
l'ignorance pour entrer dans la lumière. Votre voix et vos paroles, à partir de maintenant, doivent être « semblables à des pom-
mes d'or » dans « des cadres d'argent ». Vos
paroles doivent être « comme le miel », dou-
ces à l'oreille et agréables aux os.

Commencez à sentir le Saint-Esprit se répandre sur vous. Prenez la « coupe » et faites-
la passer à tous ceux que vous voyez, que
vous rencontrez, à ceux auxquels vous rendez
visite. « Il prit la coupe et rendit grâces et
la leur donna. Buvez tous ». La coupe, nous
l'avons dit, c'est notre cœur et le cœur c'est
la chambre de la présence de Dieu. Votre
cœur contient votre joie, votre amour, votre
bonne volonté, le sang de votre vie. Le sang
c'est la vie de Dieu ; au sens mystique c'est
le sang du Christ, la sagesse. En contemplant
la beauté de Dieu, en vous réjouissant de Son
amour, vous sentirez cet amour surgir en votre cœur. Cette coupe est parfois nommée le
Calice Sacré, le Saint Graal, celle qui recueillit le sang du Christ sur la croix. Vous comprenez bien que ce langage est figuratif, allégorique et mystique. La coupe c'est aussi votre esprit lorsqu'il est réceptif à la vérité. Sou-

venez-vous toujours que vous faites surgir l'état d'esprit, le sentiment, de l'idée sur laquelle vous méditez. Autrement dit, votre cœur, votre nature subjective s'attache le sang, la vie même, de l'idée que vous contemplez. Méditez donc sur ce qui élève, sur ce qui est de bon aloi ; vous buvez alors le sang du Christ et la coupe de votre cœur déborde d'amour et de bonne volonté.

Buvez à cette coupe et partagez avec autrui ce festin mystique. En continuant de contempler la gloire et la beauté de Dieu, vous entrerez dans un état d'extase et vous vous unirez à Dieu en un moment qui durera à jamais. Que la sagesse soit votre père et votre mère. Le fils qui naîtra de cette union divine est la santé, le bonheur, la paix et la joie. A partir de maintenant vous n'écouterez plus la voix d'aucun homme, vous ne recevrez plus d'ordres du monde des opinions. Vous écouterez la voix de votre Père et votre Père c'est Dieu. Vous êtes dans Ses saints ordres. Vous devez donc manifester l'intégrité, la paix, la beauté et la perfection. Vous devez également les faire surgir en autrui. C'est Dieu qui vous enseigne ; laissez Sa Gloire descendre sur vous. Revendiquez Son essence curative et sentez-la se répandre à travers tout votre être. Dans le silence de votre âme vous vénérez la Divinité ; c'est dans le silence que l'on entend Dieu ; la vérité se transmet dans

le silence ; la vérité est ressentie dans le silence ; car Dieu demeure dans le silence. « Le
Silence parfait dans lequel ni les lèvres ni le
cœur ne bougent, dans lequel nous n'entretenons plus nos propres pensées imparfaites,
nos vaines opinions, mais dans lequel seul
Dieu parle et dans lequel nous nous tenons
devant Lui, le cœur attentif afin de connaître
Sa volonté, afin dans le silence de notre esprit, d'accomplir cette volonté et aucune autre. »

Pratiquez cela et vous vous êtes ordonné.
Vous êtes dans les saints ordres, à jamais
prêtre, à la manière de Melchisédech.

CHAPITRE VI

LE SACREMENT DU MARIAGE

CE QUE SIGNIFIENT LE MARIAGE
ET LE DIVORCE

« Ce que Dieu a uni, qu'aucun homme ne le sépare. » Ces paroles ont trait à une union spirituelle, à un mariage du cœur. En ce qui concerne notre prière, elles signifient ceci : Lorsque nous parvenons à la conviction absolue de l'exaucement de notre prière, nous sommes unis à Dieu, à notre bien et les deux ne font plus qu'un. Ceux d'entre nous qui ont lu mon livre — *Love is Freedom* (1) qui traite tout à loisir du mariage, du divorce, de la façon d'attirer à soi le compagnon Divin, et d'autres articles, se sont familiarisés avec quelques-unes des vérités que je me propose d'étudier dans le présent chapitre. Il faut, tout

_____

(1) *L'Amour est Liberté,* non traduit en français. (N.T.).

d'abord, que nous comprenions bien que Dieu, la Vérité, n'est pas présent dans bien des mariages. Par exemple, il y a quelques mois, je m'entretins avec une jeune femme âgée de vingt-neuf ans qui avait été mariée trois fois. Chaque fois, au bout de quelques semaines ou de quelques mois de mariage, elle divorçait. La raison en était qu'elle avait conservé un vif ressentiment envers son premier mari ; elle ne lui avait jamais pardonné. En conséquence, elle s'attirait des hommes dont l'état de conscience était semblable au sien.

Ce n'est point ce que nous voulons dans la vie que nous nous attirons, mais ce qui est semblable à notre état de conscience. Vous vous imaginez sans peine quel était celui de cette jeune femme. Elle était toute pleine de ressentiment, d'amertume, de mauvaise volonté. Le subconscient décuple, agrandit tout ce qui fait l'objet de nos méditations ; il nous rend des intérêts composés. En conséquence, chacun des maris de cette dame était progressivement pire que le dernier.

Combien de mariages sont-ils un vrai sacrement, une véritable union spirituelle ? Ce n'est souvent qu'une cérémonie légale contre laquelle s'insurgent quelques semaines plus tard chacune des parties contractantes. Souvenez-vous que vous épousez un état de conscience. Lorsque deux personnes contractent une union véritable, spirituelle (« Dieu a uni ») il n'y a pas de divorce, car elles n'en veulent point. Dans ce cas les époux sont unis spirituellement, mentalement et physiquement. Voici la manière biblique, c'est-à-dire spirituelle de prier pour avoir un compagnon, une épouse. Fermez les yeux, détendez-vous, pensez clairement et avec intérêt aux qualités et aux attributs que vous admirez chez une femme (ou chez un homme, selon le cas). Sentez-vous marié à une telle femme. Sachez et croyez que l'Intelligence infinie qui est en nous attire irrésistiblement la vraie compagne. Lorsque vous priez ainsi l'Intelligence vous attire l'épouse, l'époux, qui est à l'image et à la ressemblance de l'idéal sur lequel vous avez médité. Vous serez, avec elle, en parfaite harmonie ; il y aura entre vous l'amour, la liberté et le respect mutuel. C'est cela le mariage « qui est fait au ciel », c'est-à-dire dans la paix et la compréhension.

Nombreux sont ceux qui contractent mariage sans jamais prier pour recevoir des directives à ce sujet. Or, pour qu'un mariage soit vrai, il faut d'abord qu'il soit spirituel ; il faut l'union de deux cœurs. Beaucoup de femmes me disent : « Je veux me marier pour être en sécurité » ou bien : « Je veux avoir un foyer ». Cette attitude d'esprit est mauvaise. De leur côté les hommes se marient parfois parce qu'ils ont rencontré une jolie femme, ou bien parce qu'elle a beaucoup d'argent, ou encore parce qu'elle leur apporte un appui politique. De tels mariages sont faux parce qu'ils ne sont point fondés sur l'amour qui est un mouvement du cœur. Et le fait qu'ils aient été bénis par une église ne les sanctifie point, ne leur donne point de réalité.

Dernièrement, je vis une dame que son mari avait trahie et trompée. Avant le mariage, il lui avait dit qu'il était le représentant d'une importante maison, qu'il était célibataire et membre de l'église qu'elle-même fréquentait ; c'était un tissu de mensonges. Cet homme était, en fait, un ancien bagnard, et au moment de son mariage avec ma consultante, il vivait avec une autre femme qu'il battait. Il s'était fait avancer de l'argent par sa femme et l'avait épousée à cause de cela. Cette malheureuse pensait que divorcer est un péché et pourtant elle aspirait à la liberté et à la paix de l'esprit. Je lui expliquai qu'elle n'était pas du tout mariée, qu'un tel mariage n'était que dérision et moquerie, qu'elle vivait un mensonge. Elle intenta tout aussitôt un procès en divorce contre ce malheureux et annula ce mariage frauduleux.

Le mariage est l'accord de divins idéals, une harmonie dans la pureté. L'harmonie, l'honnêteté, l'amour et l'intégrité doivent habiter l'esprit et le cœur des époux. Si une épingle se logeait dans votre doigt, vous conviendriez bien qu'elle n'y serait pas à sa place. De même, il est des cas d'incompatibilité sans espoir, et dans lesquels les époux ne sont pas plus faits l'un pour l'autre qu'un poisson n'est fait pour vivre sur terre. Il vaut bien mieux briser un mensonge que de le vivre. Je me souviens du cas de cette jeune fille qui, pendant la guerre, se laissa enivrer et qui revint à elle pour se trouver, le lendemain matin en possession d'un certificat de mariage en bonne forme. Ce certificat prouvait qu'elle avait épousé un des naturels des îles où elle se trouvait. Profondément commotionnée, cette personne dut avoir recours à un psychiatre. Il lui conseilla, naturellement de divorcer immédiatement.

Le mariage n'est pas un permis délivré par l'état pour autoriser l'abus, la cruauté, la torture. Le mariage est l'union de deux âmes qui cherchent à atteindre le cœur même de la Réalité. Chacun des époux est marié à Dieu, le Bien, lorsqu'il voit le Christ, la présence de Dieu, en l'autre. La Bible dit : « Quiconque répudiera sa femme si ce n'est pour cause d'adultère, et en épousera une autre, commet l'adultère, et celui qui épouse cette femme répudiée commet un adultère » *Matthieu 19 : 9.*

Le mot « adultère » signifie que l'on s'unit à des concepts faux, négatifs. Mentalement, nous nous marions sans cesse. Psychologiquement parlant, la femme d'un homme, c'est ce

qu'il a conscience d'être, ce qu'il ressent comme étant vrai à son propre sujet — c'est sa
conviction intérieure, son appréciation de lui-
même. De ce concept, de cette appréciation
de soi, de ce mariage, des enfants naissent
qui sont son état de santé, les conditions, les
événements de sa vie.

Un jour, je bénis le mariage de deux beaux
jeunes gens dans le Middle West. Un mois
plus tard ils s'étaient séparés et la jeune femme retournait chez ses parents. Que s'était-il
passé pour briser leur idylle ? Je découvris,
pendant une conversation avec le jeune mari,
qu'il pratiquait l'adultère, la fornication, à
longueur de journée. Adultère veut dire idolâtrie, l'adoration de faux dieux ; c'est-à-dire
le fait de donner asile en son esprit aux concepts négatifs, c'est se détourner de l'adoration de l'unique Puissance spirituelle intérieure qui est cause unique et unique pouvoir. Ce jeune homme me dit : « Je craignais
tous les jours que ma femme me trompât
avec d'autres hommes. J'étais jaloux. Je ne
lui faisais pas confiance. Je m'imaginais qu'elle revoyait d'anciens admirateurs, et j'avais
affreusement peur de la perdre ». Cet homme là forniquait en ce sens qu'il s'unissait
au mal dans son esprit. Le mot « forniquer »
signifie que l'on entretient des pensées des-
tructives, des images mentales négatives. JOB
disait « Ce que je crains c'est ce qui m'arri-

ve ». Ce jeune mari imaginait le mal au sujet de sa femme, il cohabitait avec la peur, la jalousie, le sentiment qu'il allait la perdre. Il avait brisé ses vœux matrimoniaux par lesquels il avait promis de chérir, d'aimer et d'honorer en tous temps son épouse, de se détourner de toutes les autres pour lui rester, à elle seule, fidèle.

Avant de se manifester dans notre monde extérieur, tout événement se produit dans notre esprit. Voilà pourquoi la fornication et l'adultère ont d'abord lieu dans le mental. Les craintes de ce jeune homme se communiquaient au subconscient de sa femme, qui ne connaissait point les lois de l'esprit, et ce qu'il croyait et redoutait se manifesta. Il vit se matérialiser ce qu'il craignait et en blâma sa femme. Il lui avait pourtant été fait selon sa foi. Lorsqu'ils furent tous deux renseignés sur le fonctionnement du conscient et du subconscient, ils se mirent à prier ensemble. Il en résulta une solution parfaite, une guérison complète, de ce problème conjugal. « Et celui qui épouse celle qui a été répudiée commet l'adultère ».

Combien de fois avez-vous répudié, avez-vous cessé d'être fidèle à votre but, votre dessein, votre objectif ? Lorsque vous ne nourrissez plus votre foi, votre idéal, pour sombrer dans l'anxiété, dans le doute, vous commettez vraiment le péché d'adultère et vous vivez « avec une autre », la peur. Vous avez adultéré votre idéal en polluant de peur votre esprit. Ce jeune mari apprit qu'il devait voir sa femme telle qu'elle devait être — radieuse, heureuse, paisible et joyeuse. De son côté, la jeune mariée apprit à imaginer son mari tel qu'il devait être — loyal, fidèle, en pleine réussite, heureux ; depuis lors ils vécurent dans l'harmonie.

Qu'est-ce qui vous attire vers votre mari ? Énumérez les qualités que vous admirez en lui, nourrissez-les, soutenez-les dans votre esprit après votre mariage, et cessez de vous conduire comme un ramasseur de poubelles. De même, que le mari se dira : « Quelles sont les caractéristiques, qu'elles sont les qualités que j'ai admirées en ma femme et qui m'ont attiré vers elle ? » Qu'il y réfléchisse et qu'il exalte ces qualités en son esprit. Cela c'est voir le Christ en autrui. Pratiquez cela et vous verrez votre mariage s'embellir au cours des années. Emerson, rappelons-le, a dit : « L'homme est ce qu'il pense toute la journée ». Lorsqu'un homme pense négativement tout le jour, il finit par tomber malade, il devient morose, morbide, irritable et névropathe. Cette attitude mentale destructrice l'entraîne à déverser sa bile sur sa femme, sur sa famille et sur tous ceux de son entourage. Dans son esprit, il est déjà divorcé pour la simple raison qu'il s'est séparé de Dieu, c'est à dire de ce qui est bien. Il cohabite avec le mal. Il n'est plus marié à la paix, à l'harmonie, à l'amour et à la Connaissance.

Pour que la paix et l'amour s'installent au foyer, il faut d'abord qu'ils soient installés dans l'esprit des membres de ce foyer. La Bible, nous l'avons dit, est un document psychologique, elle nous apprend que lorsque l'homme fréquente les bas quartiers de son propre esprit, pour s'entretenir avec les assassins tels que la haine, le ressentiment, la colère ou la mauvaise volonté, il cohabite avec le mal, et, par conséquent, il se rend coupable de fornication et d'adultère. En langage biblique il est déjà divorcé, et s'il persiste dans cette attitude mentale, il y aura, en fin de compte, séparation, divorce, sur le plan extérieur ; le corps n'agit que par ce que commande l'esprit.

La Bible dit : « Quiconque regarde une femme pour la convoiter, a déjà commis l'adultère avec elle, dans son cœur ». Le cœur est le siège des émotions, la nature sensible, le moi subjectif. Jésus nous dit que l'adultère commence dans le cœur, dans l'esprit. Le corps agit sous son empire, comme Quimby l'a fait remarquer. Lorsque nous purifierons notre esprit, notre corps sera pur. Lorsque notre esprit est au diapason de Dieu, toutes nos actions sont nobles et dignes de Lui.

Les problèmes conjugaux se résolvent comme tous les autres — par la prière. Chacun des époux doit voir l'autre, radieux, paisible, heureux et joyeux. Pendant sa méditation, par exemple, la femme doit se représenter son mari lui disant combien il l'admire, combien elle est bonne et combien il est heureux avec elle. Si elle est fidèle à cette représentation, le mari se transformera et la paix sera rétablie.

Il faut se rappeler que le fait qu'un homme et une femme aient un livret de famille et qu'ils cohabitent ne prouve point qu'ils aient un vrai foyer. C'est peut-être un lieu de discorde et de haine. Lorsqu'il y a un enfant et que les parents ne connaissent point la loi de la vie, il est préférable de briser une pareille union plutôt que d'étouffer l'enfant sous la haine. Combien d'enfants sont mentalement traumatisés par leurs parents de telle sorte qu'ils deviennent névropathes et criminels. Il est bien préférable que l'enfant demeure avec l'un de ses parents qui l'aime, plutôt que de vivre avec les deux lorsque ceux-ci se haïssent et se querellent constamment.

La question suivante se pose fréquemment : « Dois-je divorcer ? » Ceci est un problème individuel ; il ne peut être généralisé. Dans certains cas le divorce n'apporte pas la solution du problème. **Le divorce peut être juste** dans un cas et mauvais dans un autre. Une divorcée peut être bien plus noble et plus sainte que bien des femmes qui préfèrent vivre dans le mensonge plutôt que de regarder en face la vérité. Dans bien des cas, le mariage n'est qu'une farce. On s'excuse, on se donne des alibis en prétextant qu'un divorce serait mauvais pour les affaires de Jean, que les voisins se formaliseraient, que c'est de mauvaise politique, etc... Tout cela ne fait du mariage qu'une moquerie.

La prière guérit les peines et les blessures de la vie conjugale. Si l'un des époux se met en colère, éprouve du dépit ou du ressentiment, il faut que l'autre le guérisse immédiatement par son penser harmonieux, par un état d'esprit plein d'amour et de bonne volonté. Il faut décapiter toute pensée de colère, toute pensée morbide, toute pensée de critique. Il faut les détruire et les brûler au feu de l'Amour divin. Que le mari et la femme pratiquent cela régulièrement et leur union croîtra en beauté et dans l'amour à mesure que s'écouleront les années... Lorsque le mari ou la femme permettent aux pensées mauvaises, destructrices à l'endroit de leur conjoint, de trouver asile dans leur esprit, ils désertent Dieu ; ce sont des fornicateurs et des adultères. Et celui qui ne se corrige point tombe dans le désarroi, la haine. Il n'en peut résulter que la séparation, que ce soit par le divorce ou autrement ; l'annulation des liens du mariage.

Un homme et sa femme vinrent me voir à l'hôtel où j'étais descendu à Dallas, dans le Texas. Ils me dirent, que quelques années auparavant, ils s'étaient querellés au sujet d'une propriété. Ils s'étaient fâchés au point de demander simultanément le divorce, et au bout d'un an, avaient effectivement divorcé. Chacun s'était remarié de son côté et ils me déclarèrent qu'ils avaient commis ainsi une profonde erreur. Ils s'étaient remariés par dépit, ils étaient malheureux et maintenant ils venaient me dire : « Nous nous aimons — que faire ? » Je leur dit d'annuler la farce que représentaient leurs mariages actuels et de revenir l'un à l'autre, ce qu'ils firent.

« Bienheureux les pauvres en esprit » (1). Cet homme et cette femme étaient humbles en ce sens qu'ils se laissaient enseigner ; ils étaient assez humbles pour admettre qu'ils avaient commis une erreur par sot orgueil, pour se venger l'un de l'autre. L'amour divin les avait unis et l'amour qui guérit, restaure, qui ouvre la porte des prisons et qui résout les problèmes, les rendit l'un à l'autre.

Parfois, une femme me dit : « Je suis éprise d'un homme que je ne puis épouser parce

____

(1) En anglais « Bienheureux les humbles ». (N.T.).

qu'il est juif, ou catholique, ou parce qu'il n'est pas dans la « Vérité ». Ce qui, bien entendu, est absurde. L'amour ne connaît ni culte, ni religion. L'amour est au-dessus de toutes ces choses et ne connaît rien aux diverses religions. L'amour est de Dieu. Laissez l'amour régir votre vie conjugale, la diriger, et la paix de Dieu règnera, suprême, sur votre foyer.

Il y a quelques heures on me demanda par téléphone si un père pouvait, par des moyens mentaux, psychologiques, briser un mariage, en provoquer la dissolution. La jeune femme dont il est question avait épousé un catholique et ils s'aimaient tendrement. Elle me dit que son père haïssait les catholiques et qu'il appartenait à une autre confession. Ce père avait dit à sa fille qu'il pouvait, mentalement, briser son mariage et la ramener chez lui. Elle avait peur. Je lui expliquai que son père n'avait absolument aucun pouvoir sur elle, pas plus que n'en aurait le gri-gri du sauvage ou une pierre dans un champ. Cette jeune femme comprit que la seule puissance était dans sa propre pensée, dans sa propre conscience. Elle se mit à prier afin que l'amour de Dieu les unît tous, qu'il les entourât et les enveloppât. Elle affirma que la grâce, la beauté et l'amour de Dieu gouvernaient leurs vies et régnaient sur leurs cœurs. Elle affirma que rien ne pouvait la séparer de l'homme qu'elle aimait, que la seule puissance qui gouvernât, qui dirigeât son mariage était son amour et sa piété pour la Vérité. Le résultat en est que la haine de ce père s'est déjà fondue au contact de l'amour de sa fille comme fond la neige au soleil.

Epoux, pour que votre vie conjugale soit heureuse, priez ensemble et vous resterez unis. La contemplation des divins idéals, l'étude des mystères de la vie, un but commun, le respect de votre liberté réciproque, vous assureront un mariage mystique, une union sainte, dans laquelle les deux époux ne font plus qu'un. Restez mariés à Dieu et toutes vos voies seront des voies agréables et tous vos sentiers, paisibles (1).

(1) *Proverbes*, 17 : 3. (N.T.).

CHAPITRE VII

L'EXTRÊME-ONCTION

TECHNIQUES DE GUÉRISON

Vous avez trouvé dans cet ouvrage des mots familiers employés dans un sens nouveau. Dans la Bible vous avez lu que Moïse admonesta ainsi les enfants d'Israël : « Ne laissez jamais aucun vase découvert ». Et, en effet, vous devez apprendre à garder votre conviction comme une couverture, à garder votre conscient illuminé, éclairé, comme un couvercle sur votre subconscient, sans quoi les vieilles opinions, les fausses croyances vous assailleront et en prendront possession.

Le mot « religion » vient de *religio* et signifie « relier à ». Il faut que nous soyons reliés à Dieu ; mais le plus souvent nous sommes reliés aux faux dieux — à nos ennuis, à nos croyances, à nos peurs, etc. Lorsque vous priez pour quelqu'un, il faut maintenir

un couvercle sur votre esprit, ce qui veut dire
que vous devez rejeter complètement l'idée
que la maladie, par exemple, a de la puissance, et savoir que vous parlez avec autorité
parce que Dieu se reflète dans toute Sa puissance en celui pour lequel vous priez, mentalement et physiqumeent. Si vous persistez
dans cette conviction, vous obtiendrez le résultat que vous souhaitez. Ne permettez pas
à votre esprit de s'égarer ; concentrez-le sur
la Vérité. La religion, c'est essentiellement le
processus par lequel le concept idéal prend
forme et substance.

La chute de l'homme est simplement l'oubli
de la majesté et de la gloire de notre Etre
spirituel, c'est le fait de revêtir le manteau
de la matérialité. Le seul chemin de retour
vers la maison du Père est la renaissance
spirituelle en passant par les diverses phases symbolisées par les divers sacrements —
le Baptême, l'Eucharistie, la Confirmation, la
Pénitence, les Saints Ordres, le Mariage et
l'Extrême Onction. En terminologie religieuse cela s'appelle la rédemption. Nous ne devons pas perdre, dans le labyrinthe des rites,
des cérémonies et de la liturgie, la beauté et
la signification spirituelle de ce processus. Un
sacrement est un accord sacré entre le conscient et le subconscient. Lorsque les deux sont
d'accord, vous êtes en paix. C'est alors que
Dieu agit dans votre vie. Les sacrements nous

enseignent que la mission de l'homme est de révéler l'omniprésence de Dieu. L'homme est une expression de Dieu ; lorsqu'il est vraiment baptisé et confirmé, il est marié aux vérités éternelles et tous les mystères lui sont révélés.

Soyez assurés que parler de la Vérité, y penser, lire des ouvrages qui s'y rapportent, ne vous servira de rien si votre cœur n'est pas convaincu. C'est ce que nous croyons dans notre cœur qui se manifeste ; nos démonstrations de la Vérité sont au niveau de notre croyance.

Chacun des sacrements est un acte d'union avec la Divinité et a pour résultat le sentiment plus profond de la Grâce. Le sacrement c'est l'acte spirituel par lequel vous faites surgir, du plus profond de votre être, l'état d'esprit propre à la réalisation de votre désir.

Tous les sacrements ont trait à l'union psychologique du masculin (l'idée, le désir) avec le féminin — la réceptivité de l'esprit, la conception dans laquelle vous vous oubliez, où vous « perdez la tête ». La tête représente votre idée ou votre désir : perdu ou déposé dans votre esprit subjectif.

Dans le sacrement de l'Extrême-Onction tous les orifices du corps par lesquels le péché peut entrer, sont baignés et purifiés par les saintes huiles de la connaissance spirituelle, afin que l'homme ne puisse plus voir, entendre ou sentir le mal. L'Église dit que l'Extrême-Onction est le sacrement qu'institua Jésus par lequel, en étant oints d'huile sainte et par les prières spéciales prononcées par le prêtre, ceux qui sont en danger de maladie mortelle reçoivent la grâce de Dieu. L'origine de ce sacrement est pris dans les Épîtres de *Jacques* qui dit : « Quelqu'un parmi vous est-il malade ? Qu'il fasse appeler les anciens de l'Eglise, et que ceux-ci prient pour lui, après l'avoir oint d'huile au nom du Seigneur : la prière de la foi sauvera le malade, le Seigneur le relèvera, et s'il a commis des péchés, il lui sera pardonné. » *Jacques 5 : 14-15.*

L'onction par l'huile est l'acte symbolique par lequel l'âme de l'homme reçoit le don de l'amour divin. Oindre veut dire guérir, illuminer, inspirer. « Tu oins d'huile ma tête » dit le *Psaume 23 : 5.* Jésus gravit le Mont des Oliviers, la montagne qui donne l'huile, nous dit la Bible ; David aussi monta au Mont des Oliviers, ce qui symbolise un haut degré de spiritualité. Votre plus haut concept de Dieu est la Montagne que vous gravissez dans la prière. C'est un état de conscience élevé. Les oliviers, l'huile d'olive, qui est celle dont on se sert pour l'Extrême-Onction, représentent la puissance curative de l'amour. L'huile d'olive symbolise le saint Esprit (le sentiment d'union intime avec votre désir).

La colombe revint à l'arche de Noé avec, dans son bec, une branche d'olivier, ce qui symbolise la certitude de la connaissance intérieure. Les deux témoins de *l'Apocalypse*, au onzième chapitre, ce sont « les deux oliviers et les deux chandeliers posés devant le Seigneur de la terre ». Ils ont trait à l'amour et à la sagesse.

Voici comment une jeune étudiante de Los Angelès, qui suivait notre cours sur la Bible, administra l'Extrême-Onction à sa mère. Elle reçut un télégramme de sa sœur de New-York lui disant que sa mère se mourait d'un infarctus du myocarde. La jeune fille me dit qu'aussitôt elle se recueillit profondément pour méditer sur la joie de la guérison divine. Elle se mit à imaginer que sa sœur lui disait au téléphone : « Maman est merveilleusement guérie ». Elle se le répéta à de multiples reprises avant de s'endormir. jusqu'à en ressentir toute l'allégresse profonde et elle me dit qu'elle se perdit littéralement dans la joie de la bonne nouvelle. « De sorte que Dieu, ton Dieu, t'a oint de l'huile de la joie. » *Psaume 45 : 7*. A la stupéfaction générale, sa mère se remit parfaitement. En langage biblique nous dirons que cette jeune fille avait oint sa mère d'huile, au nom du Seigneur.

L'huile c'est la sagesse et c'est aussi l'amour. La sagesse de notre étudiante consista à reconnaître que si elle méditait sur l'idée de la parfaite santé de sa mère, si elle en provoquait la conscience en son cœur, elle ferait tout aussitôt surgir la puissance de Dieu relative à cette idée, et que cette puissance provoquerait la guérison, d'une manière qui nous dépasse. Son amour pour sa mère consista à voir celle-ci telle qu'elle aurait du être — radieuse, pleine de joie, libre. Quand vous aimez un être, vous souhaitez le voir exprimer tout ce à quoi il aspire. Lorsque vous aimez un être, vous l'élevez en conscience, ressentant la vérité de ce que vous affirmez. Ceci est l'huile dont vous l'oignez. « Au nom de Seigneur », symbolise un état tout à fait naturel. Nom signifie nature. Lorsque cette jeune fille s'appropriait l'état d'esprit, le sentiment de la parfaite santé de sa mère, elle priait au Nom du Seigneur. Et puisqu'il n'y a qu'un seul Entendement, ce que la fille ressentit comme étant vrai au sujet de sa mère, fut ressuscité dans l'esprit de celle-ci qui se trouvait à trois mille kilomètres. « Il envoya sa parole et les guérit. »

« Marie ayant pris une livre d'un parfum de nard pur très précieux, en oignit les pieds de Jésus et les essuya avec ses cheveux. Toute la maison fut remplie de l'odeur de ce parfum. » *Jean 12 : 3.* Le nard pur représente la foi en Dieu et en son pouvoir de guérir. Il vous est loisible, à vous aussi, d'entrer dans un état d'esprit délicieux, fait d'amour et d'attente de la réponse à votre prière, comme la jeune fille dont il est question. Jésus c'est votre désir, ce qui sauve. Votre désir doit être oint, c'est-à-dire que vous devez contempler la solution jusqu'à la bien ressentir pour obtenir la réaction souhaitée. Voilà l'état heureux, l'état de grâce dans lequel notre maison (notre esprit) est rempli du parfum du nard pur, l'exaucement. Les pieds symbolisent la connaissance des lois de l'esprit, et les cheveux, la puissance. Vous essuyez les pieds de Jésus avec vos cheveux lorsque vous prenez conscience de ce qu'en remettant votre désir à la puissance subjective qui vous habite, vous serez ressuscité par la loi créatrice qui est en vous, par des moyens que vous ne savez pas. « En répandant ce parfum sur mon corps, elle l'a fait pour ma sépulture. » *Matthieu 26 : 12.* La sépulture, l'enterrement, symbolisent la mort du vieil état de conscience et la naissance d'un état de conscience nouveau. Lorsque votre désir, votre idéal sont enterrés dans votre subconscient, il se produit la dissolution, ou la mort de l'ancien état et la résurrection de l'homme nouveau.

Le parfum du nard pur, de l'huile sainte est un symbole de béatitude, de joie. « Un parfum suave, sacrifice que Dieu accepte et qui lui est agréable. » *Philippiens 4 : 18.* Le sacrifice que vous offrez c'est ce qui élève,

ennoblit, ce qui est pour vous une bénédiction. La seule chose que vous puissiez donner
à Dieu est un cœur reconnaissant. Quelqu'un
a dit : « O mon Dieu, qui a déjà tant fait
pour nous, donne-nous une chose encore —
un cœur reconnaissant ». Lorsque nous méditons sur les grandes vérités d'un Psaume,
nous offrons, pour employer le langage biblique, un sacrifice à Dieu.

J'ai vu un homme, auquel on ne donnait
plus que quelques minutes à vivre, recevoir
l'Extrême-Onction et, une heure après, se
transformer, guéri presque instantanément.
Le prêtre se tenait à son chevet. Sur une table voisine on avait placé deux cierges allu-
més, une assiette contenant de la mie de pain
pour essuyer l'huile sur les doigts du prêtre,
du coton pour enlever l'huile des yeux, des
oreilles, du nez, des lèvres, des mains et des
pieds du malade. Parfois l'huile consacrée est
dite « huile des malades ». L'huile, vous le
savez, a des qualités adoucissantes, mais le
fait d'en frotter les mains, les pieds, les yeux,
les oreilles, etc. d'un mourant ne le guérira
point. Au sujet de la guérison qui nous oc-
cupe, il est de toute évidence qu'il en faut
chercher ailleurs l'explication. Et vous allez
sans doute demander : « Pourquoi ce mourant fut-il guéri après les soins du prêtre ? ».
La réponse à cette question est simple lorsque
l'on connaît le fonctionnement de l'esprit su-

bliminal de tous les hommes que l'on appelle aussi le subconscient. Les prières du prêtre, s'associant à la foi du malade en l'huile sainte provoquèrent la coopération du subconscient de celui-ci. En d'autres termes, sa foi aveugle mit toute sa confiance dans les prières qui furent offertes par le prêtre.

Pour la même raison des malades sont guéris, tant à Lourdes que dans les temples Schintoistes, par exemple. Dans tous ces cas la guérison est provoquée par la croyance subconsciente, qu'elle soit attribuée à Jésus, à la Vierge Marie, ou à de l'huile sainte. Une antique prière, que l'on prononce au moment où l'on administre les malades, ne manquera pas de vous intéresser : « Par cette onction, céleste, il trouvera la paix au dehors comme au dedans ; toute douleur, toute maladie de l'esprit et du corps ont disparu. « Cette prière fait une merveilleuse impression sur certaines personnes et vous savez à présent que tout ce qui est imprimé sur le subconscient s'exprime dans notre corps et dans notre ambiance. La Bible dit que les apôtres « oignirent d'huile beaucoup de malades et les guérirent ». *Marc 6 : 13.* Bien entendu, ceci ne doit pas être pris au sens littéral. La jeune fille dont je vous parle, en priant, comme elle le fit pour sa mère, l'oignit d'huile, à trois mille kilomètres de distance, au sens propre du mot.

Avant de recevoir l'Extrême-Onction, le malade se confesse et reçoit l'absolution. Lorsque le prêtre invoque le Seigneur, la Sainte Vierge, Saint Joseph, etc., afin qu'ils élèvent cet homme, tout cela fait une impression profonde sur l'esprit réceptif de certains malades et bien souvent la guérison s'ensuit.

A ce sujet voici un cas qui illustre ce qui vient d'être dit. Je connaissais un homme qui était un alcoolique invétéré ; il avait commis de nombreux délits et il touchait le fond de la misère. Sa mère l'avait élevé en fervent catholique et lorsqu'il fut sur ce qui semblait être son lit de mort il pria une infirmière de lui quérir un prêtre. Il se confessa de tous ses crimes et de tous ses péchés, reçut l'absolution et le sacrement de l'Extrême-Onction. Tout aussitôt il devint radieux ; il avait maintenant la conviction profonde qu'il s'était mis en ordre aux yeux de Dieu et que tout lui était pardonné. Par conséquent il se détendit, tout prêt pour ce qu'il appelait « le ciel ». L'infirmière et le médecin ne tardèrent pas à voir se produire un changement remarquable et déclarèrent qu'il allait vivre. Dix jours après, cet homme se portait parfaitement bien. Il est à présent âgé de quatre-vingt-deux ans et il est encore très solide et en parfaite santé. Que s'était-il passé ? La réponse ne se trouve point dans l'hostie ni dans l'huile qui lui furent administrées, mais dans son attitude détendue, dans son abandon à Dieu qui libéra immédiatement son esprit et son corps des tensions provoquées par la douleur, la crainte, le sentiment de culpabilité et la haine. Et son corps réagit de façon miraculeuse à cette nouvelle attitude mentale. Le sentiment profond de libération et de paix de l'esprit fut, bien entendu, le seul agent de sa guérison. L'hostie et l'huile ne furent que le signe perceptible, le moyen pratique de concrétiser sa foi en Dieu.

Beaucoup de personnes ne comprennent pas que, bien que l'extrême-onction soit le sacrement des malades, le mot « mort » n'en fait point partie. Un catholique malade peut demander l'Extrême-Onction s'il pense que son état est grave. L'Infinie Présence curative de Dieu est partout présente, elle est en chacun de nous et répond à notre foi. Il n'y a en fait qu'un seul processus de guérison, c'est l'exercice de la foi. « Ta foi t'a guéri. » Lorsqu'un catholique entend la prière suivante, au cours de la cérémonie de l'Extrême-Onction, il peut bien en ressentir un effet profond, le réveil de sa foi, nécessaire pour provoquer la réponse du principe curatif. « Guéris, O Rédempteur, les infirmités du malade, guéris ses blessures et pardonne-lui ses péchés. Fais disparaître toutes les infirmités de son corps et de son âme par Ta miséricorde et donne-lui la pleine santé spirituelle et corporelle. »

La Bible dit : « La prière de la foi sauvera le malade, et le Seigneur, (le subconscient) le relèvera ». *Jacques 5 : 15.* C'est la foi qui provoque la guérison et non le rite, la cérémonie, l'huile ou l'hosstie. La foi c'est ce qu'accepte votre esprit — une pensée que vous acceptez comme étant juste. Un condamné à mort reçoit le sacrement — le viatique, la sainte communion — que nous avons expliqué dans un précédent chapitre. Il ne reçoit point le sacrement des malades (l'Extrême-Onction) pour la bonne raison qu'il ne l'est point.

Le symbolisme et la signification spirituelle de l'onction des yeux, des oreilles, etc., sont les suivantes : Vos yeux sont oints afin que vous puissiez voir la gloire et la vérité de Dieu ; vos oreilles, pour que vous puissiez entendre et comprendre la vérité ; vos narines, afin que vous soyez à même de rejeter toute nourriture mentale indigne de la Maison de Dieu ; vos lèvres, afin que les paroles de votre bouche et les méditations de votre cœur soient agréables à Dieu ; vos mains, afin qu'elles puissent façonner, modeler et créer selon le parfait prototype de Dieu et jouer Sa douce mélodie ; vos pieds, afin que vous marchiez à jamais dans l'amour et pour accomplir les œuvres de la miséricorde et de la bonne volonté.

Nous venons d'étudier les sept sacrements

représentant sept lumières c'est-à-dire les sept degrés de la connaissance. Le sept est le nombre de la plénitude ; il représente le sabbat, la tranquillité dans le silence, le repos qui fait suite à la vraie prière. Lorsque vous priez il vient un moment où vous avez le sentiment bien assuré que votre prière est exaucée. Il n'est plus nécessaire de prier et d'ailleurs, vous n'en ressentez plus le besoin. Vous êtes tout rempli d'une certitude, d'une confiance intérieures. C'est ce qui s'appelle le septième jour, l'extrême onction — le dernier pas dans la guérison de la situation ou de la condition qui vous blesse.

1. Le premier pas c'est : le Baptême. La purification de l'esprit, savoir que mon désir est mon sauveur.

2. La Confirmation. Être convaincu que Dieu — la puissance spirituelle qui m'habite — me donnera la manifestation de mon désir.

Je rejette complètement toute pensée négative en me rappelant que l'Esprit qui est en moi est la seule puissance.

3. La Pénitence. Je change mon penser et je veille à ce qu'il demeure changé. Je fixe tranquillement ma pensée sur mon désir, sachant que la Toute Puissance lui répond.

4. L'Eucharistie. Je me réjouis de la réalité de mon désir, j'en fais un festin mental et ce faisant, je lui donne vie.. Je l'anime, le nourris et le maintiens.

5. Les Saints Ordres. Mon sentiment est le prêtre qui est le médiateur entre l'état invisible et l'état visible. Je continue de méditer sur la réalité de mon désir, en imaginant et en ressentant sa réalité. Je me transforme jusqu'à la conscience de la victoire et de la vérité.

6. Le Mariage. Mon conscient et mon subconscient sont à présent en parfait accord sans aucune discussion. Je suis émotionnellement uni à mon désir. Le mariage psychologique est accompli et une vague de paix m'envahit. Dieu est maintenant présent. Je me détends et me repose. L'acte mental créateur est terminé.

7. L'Extrême-Onction. Je suis oint. Je suis en paix. Je suis parvenu au sabbat — le sentiment de la tranquillité et du silence. Je suis impavide, tranquille. Je marche dans la certitude que ma prière est exaucée. Il n'y a point d'effort ni de labeur de ma part. Je suis parvenu au sabbat, la septième heure, je suis guéri.

La composition et l'impression de cet ouvrage
ont été réalisées par CLERC S.A.
18200 SAINT-AMAND - Tél. : 48-96-41-50
pour le compte des ÉDITIONS DANGLES
18, rue Lavoisier - 45800 ST-JEAN-DE-BRAYE

Dépôt légal Éditeur n° 1752 - Imprimeur n° 4764

Achevé d'imprimer en Février 1992

TABLE DES MATIÈRES

Docteur Joseph MURPHY

L'ÉNERGIE COSMIQUE

cette puissance qui est en vous

Format 15 × 21 ; 192 pages .
collection « La Science de l'Être »

Vous n'avez plus de raison, vous n'avez plus le droit d'être pauvre, malade ou limité en quoi que ce soit ! Apprenez à vous accorder à l'Énergie Cosmique, cette Infinie Puissance qui est en vous, et vous atteindrez à de nouvelles et prodigieuses capacités.

Ce livre captivant vous révèle, de façon magistrale et éminemment pratique, le processus de la loi créatrice de votre pensée lorsqu'elle est au diapason de la Source de toute Vie, de toute Joie, de tout Amour et de toute Abondance.

Faites passer dans vos rêves les plus fous et les plus hardis, dans vos désirs les plus chers, le courant vitalisant de l'Énergie Cosmique qui vous anime, et vous en recevrez le merveilleux accomplissement.

UNE VIE NOUVELLE VOUS ATTEND ! METTEZ DÈS AUJOURD'HUI CET OUVRAGE EN PRATIQUE.

Du même auteur, dans la même collection :

LES MIRACLES
DE VOTRE ESPRIT

Format 11 × 17,5 ; 112 pages .

Cet enseignement, basé sur l'Évangile, est essentiellement moderne et pratique puisqu'il démontre sans cesse la puissance de notre Être réel, le Christ pour les croyants, le subconscient pour les psychologues.

Les livres du Dr Murphy sont d'une parfaite exactitude scientifique, mais l'auteur use volontairement d'un style dépouillé, d'une langue simple, afin d'être accessible à tous. Ses livres se lisent donc, non seulement sans fatigue, mais avec un plaisir qui va croissant parce qu'il met le lecteur à même de prendre immédiatement conscience des possibilités infinies qui sont en lui.

Aucun problème, aucune situation, si désespérée soit-elle en apparence, ne résistent à l'étude approfondie et à la mise en pratique des lois cosmiques dont le Dr Murphy s'est rendu maître.

COMMENT ATTIRER L'ARGENT

Format 11 × 17,5 ; 112 pages .

VOUS AVEZ LE DROIT D'ÊTRE RICHE !

Vous êtes ici pour mener une vie abondante, pour être heureux, radieux et libre. Vous devriez donc posséder tout l'argent dont vous avez besoin pour que votre vie soit heureuse et prospère.

Pourquoi vous contenter de peu, voire d'un minimum, alors que vous pouvez jouir des richesses de l'infini ? En lisant ce livre, vous allez apprendre à vous lier d'amitié avec l'argent, et vous en aurez toujours en surplus. En désirant être riche, vous aspirez à une vie plus pleine, plus heureuse et plus merveilleuse. C'est une **impulsion cosmique,** et cela est bon, très bon.

La connaissance du mécanisme de votre esprit est votre sauveur et votre rédempteur. Votre destinée est contenue dans votre pensée et dans vos sentiments. Par droit de conscience, vous possédez toute chose ; la conscience de la santé produit la santé ; la conscience de la richesse produit la richesse.

LA MAGIE DE LA FOI

Format 11 × 17,5 ; 152 pages .

Les philosophes de tous les temps ont basé leurs théories sur la maîtrise que nous devons avoir de nos sentiments. Le Dr Murphy aborde aussi ce sujet mais lui, nous donne non seulement les moyens d'atteindre cette maîtrise, mais encore les raisons pour lesquelles il nous faut y parvenir : notre santé physique, en effet, dépend de notre équilibre spirituel, et nous ne devons donc permettre à quiconque ou à quoi que ce soit, de rompre cet équilibre.

Cet ouvrage, essentiellement pratique, de santé spirituelle et par conséquent physique, est aussi le guide précieux de celui qui désire développer en soi la toute-puissance et l'harmonie par la connaissance du Principe divin qui réside en chacun de nous et à qui, soit par ignorance, soit par manque de foi, nous négligeons trop souvent de faire appel.

PUISSANCE DE LA MÉDITATION

Format 11 × 17,5 ; 96 pages .

————————————

Le leitmotiv de ce livre est : Je suis en Paix. N'est-ce point de paix dont le monde a faim et soif ?

Les Étudiants en métaphysique seront enchantés de trouver dans le présent ouvrage des « modèles » pour la méditation et la prise de conscience silencieuse — la plus efficace — de la Puissance qui les habite. Ils ne s'étonneront point des répétitions indispensables pour impressionner la conscience profonde. Ils apprécieront à juste titre la concision et la brièveté des phrases et des méditations elles-mêmes qui évitent la fatigue et permettent la concentration. Enfin ils en goûteront la simplicité extrême qui est un gage de puissance, car **« si vous ne devenez comme un de ces petits, vous n'entrerez pas dans le Royaume de mon Père ».**

Comme tout livre de métaphysique, il faut lire celui-ci **lentement** et avec les yeux du cœur, c'est-à-dire qu'il faut **ressentir profondément** toutes les Vérités qu'il contient. Lu et médité de cette manière, il sera une constante bénédiction.